새로운 도전 앞에 서있는
당신을 응원합니다.

_____ 님께

유리천장은 없습니다

여성창업가의 고군분투 성장기

유리천장은 없습니다

전혜진·박현영·조을정·김민하 지음

시즌.B

발간사

　최근 몇 년 동안 여성 창업가들의 수는 꾸준히 증가하고 있습니다. 많은 여성이 경제적 독립과 자아실현을 위해 자신의 비즈니스를 시작하고 있으며, 기술을 활용한 기술 기반의 여성 창업기업도 점차 증가하고 있습니다. 이들은 다양한 산업 분야에서 창의적인 아이디어를 제시하고 있으며, 이를 통해 사회적 문제의 해결책을 제시하고 혁신적인 제품과 서비스를 선보이고 있습니다.

　대한민국 여성스타트업 포럼은 2019년도 '우먼 스타트업 서밋'으로 시작하여 중소벤처기업부 산하 사단법인으로 설립되어 현재까지 5년째 운영중이며, 행정안전부 실패박람회 사업을 통해 발전하였습니다. 여성창업가를 위한 생태계 조성 및 사회적 지지 기반 조성을 목적으로 현재 여성 리더 약 300명이 회원으로 가입하여 활동하고 있으며 중소벤처기업부, 행정안전부 및 창업 전문가들이 자문단으로 구성되어 포럼을 지지하고 있습니다.

　현재까지 포럼은 여성 창업가들의 네트워킹을 통한 시너지와 지지 환경을 만들기 위해 노력해 왔으며, 투자 환경에서 어려움을 느끼는 창업가들을 위해 투자 교육, 멘토링, 피칭 데이를 운영하고 있습니다. 본 포럼을 통해 투자 환경을 경험하고 투자자 멘토를 통해 지속적으로 성장할 수 있는 환경 조성을 하고 있습니다.

본 포럼에서 가장 중요하게 생각하는 것은 '여성이 적극적으로 사업에 집중할 수 있도록 환경을 조성하는 것'입니다. 이를 위해 지속적으로 정부 및 기관 등에 환경 개선을 위해 제언할 것이며, 더 많은 여성리더들이 만나고 소통할 수 있는 공유 환경을 구축하려고 합니다. 또한 다양한 분야에서 여성 기업가와 리더들을 발굴하기 위해 기회를 제공하려고 합니다. 그 한 예로, 올 해 대학의 유망한 여성 인재가 새로운 가치를 창출할 수 있도록 여대생을 위한 경진대회를 개최하였습니다.

앞으로 여성 창업가들은 미래의 경제 성장과 사회적 발전에 중요한 역할을 할 것으로 기대합니다. 대한민국 여성스타트업 포럼은 여성들이 창업의 기회를 더욱 확장하고, 향후 세대들이 더 공평하고 평등한 사회에서 성공적으로 경제적인 창출 활동을 할 수 있도록 생태계를 조성하고 기회를 마련하기 위해 노력하고자 합니다.

본 사례집은 여성 창업가들의 다양한 비즈니스 사례를 통해 그들의 성공과 도전을 보여주며, 이를 통해 여성 창업가들을 격려하고 더 나아가 미래의 여성 창업가들이 사업에 대한 가능성을 깨닫고 도전할 수 있는 계기가 되기를 바랍니다.

대한민국 여성스타트업 포럼 의장

이정희

프롤로그

　직장에서 일하면서 가정도 돌봐야 하는 워킹맘을 모든 일을 척척 해내는 '슈퍼우먼'에 비유한다면 여성 스타트업 대표는 '서커스단'에 가깝다. 두발자전거를 타고 균형을 잃지 않으며 한 손으로는 접시를 돌리고 다른 한 손으로는 날아오는 공을 잡고 있는 듯하다. 한 분야를 잘 해내면 되는 직장인과 달리 인사조직, 마케팅, 투자유치, 자금관리, 고객 응대, 영업 등 모든 분야를 다 꿰뚫고 있어야 하고 자칫 운영을 잘못하게 되면 넘어질 수 있음을 알고 있기 때문이다.

　하지만 처음부터 '스타트업 대표'로 태어난 사람이 없듯이, 그 많은 문제를 인지하고 준비하여 극복하는 과정을 거치면서 더 나은 사업가로 거듭날 수 있다. 이 책에 함께 참여한 네 명의 대표도 그렇다.

　육아와 사업을 병행하기 위해 나름의 원칙을 정하고, 자신만의 길을 스스로 만들어 걸어가는 중이다. 인생의 새로운 도전을 하지 않고 현재의 삶을 더 잘 해내기로 선택했다면, 그 선택도 존중한다.

하지만 로또에 당첨되길 바라며 로또를 사지 않는 사람처럼, 자신의 한계를 극복하고 더 나아가고 싶은데 가만히 있지는 않은지 자문자답이 필요한 분들도 많을 것이다. 자기 잠재력을 최대한 발휘 할 수 있다면?

육아가 힘들지만 보람이 있듯이, 사업도 힘들지만 자아실현의 욕구를 충족시킬 수 있는 좋은 방법 중 하나이다. 처음 아이를 가지기 위해 준비를 하고, 10개월간의 임신기간을 버티듯이, 사업을 시작하기 위해서는 준비기간이 필요하다.

여러 정보를 모으고 습득하며 출산을 준비하듯이 사업을 영위하기 위해 예비 창업자로서 창업 프로세스를 익히고, 다양한 창업가의 이야기를 들으며, 활용할 수 있는 자원을 모아야 한다. 그리고 출산 후 책에서 미리 보지 못했던 예측 불가 상황이 계속 발생하면 다른 엄마들의 도움을 받아 가며 해결하듯이, 창업자도 당황스러운 일들이 생기면 다른 창업자나 멘토들의 도움을 받는다. 아이가 성장함에 따라 연령에 맞는 육아와 교육을 또 학습해야 하는 것처럼 사업 연차와 규모에 따른 학습이 계속되어야 한다.

무언가를 새롭게 탄생시키고 키워나가는 일련의 과정들은 육아와 꽤 비슷한 패턴을 보인다. 아이가 내 뜻대로 크지 않듯이 사업도 내 뜻대로 되지 않아 속상할 일도 많지만, 큰 방향에서 건강한 육체와 정신을 가진 아이, 수익이 발생하는 내실 있는 구조의 기업으로 커주길 바라며 열심히 노력한다.

2023년 8월 30일은 이지태스크를 시작한 지 1000일 째 되는 날이다. 여전히 밥값을 못하고 비용이 더 들어가는 어린아이 같은 회사지만 빠르게 성장하고 있고, 미래에 대한 기대는 나를 미소 짓게 만든다.

네 명의 대표 모두 쉽지 않은 길을 선택했다. 이지태스크는 일자리 미스매칭을, 나비앤코는 여성 건강을, 리드앤씽은 장애아동의 교육 환경을, 더하트컴퍼니는 엄마의 사회진출을 깊이 있게 고민하며 사업을 통해 사회에 긍정적인 영향을 미치고자 노력하고 있다. 그러한 노력의 과정을 이 책에 담았다.

새롭게 사업을 시작하고 싶어 하는 누군가에게는 간접경험이 되었으면 하고, 사업이 남의 이야기라고 생각하는 누군가에게는 대리만족이 되었으면 한다. 마지막으로, 현재 우리와 같이 사업을 하는 여성 대표들에게는 이 이야기가 공감대를 형성하여 더 단단해질 수 있는 마음의 위안이 되었으면 한다. 앞으로도 많은 여성 기업가들의 스토리들이 여기저기서 들려오기를 희망한다.

이지태스크 대표

전혜진

차례

발간사 6
프롤로그 8

Chapter 01 이지태스크

창업생태계의 선순환을
이끌어내기 위한 스타트업

소수 성향인 삶 23 | 문제 상황을 이기는 강력한 자아성취 욕구 24 | 시간을 쥐어짜서 돈으로 바꿔온 인생 26 | 성장 가능한 시스템은 어떻게 만들까? 27 | 사람과 사람을 연결하여 선순환 구조 만들기 28 | 창업생태계의 선순환을 위해 창업하다 30

나에게는 명확하지만,
남에게는 명확하지 않은 아이템

과업 위주 비대면 사회의 성장에 따른 시장의 변화 33 | 구인·구직 시장을 관찰해보니 34 | 고정비 부담은 이지태스크도, 고객도 마찬가지 35 | 나에게는 명확하지만, 남에게는 명확하지 않은 아이템 36 | 역량이 있어도 일을 찾는 것이 힘든 사람들 38 | 일하는 사람이 먼저? 고객이 먼저? 양면 플랫폼의 딜레마 40

백조처럼 우아하게,
발 밑은 분주하게

올바른 일을 하고 있다는 믿음 42 | 안정감을 더해주는 경력보유여성 43 | 페르소나를 제대로 정의하기 45 | 개인으로 받던 업무 부탁을 회사로 받도록 경로 바꾸기 46 | 시스템으로 만들 반복되는 패턴 찾기 47 | 반복 노가다가 발생하는 일들을 먼저 시스템으로 만들기 48

쉬우면 재미없지, 쉬우면 이미 남들이 했겠지

나만이 할 수 있다는 확신 49 | 늘어나는 이루미들 50 | 아이디어는 공격받으면서 단단해진다 51 | 나를 표출하고 원하는 것을 분명히 표현하기 53 | 모든 경로를 찾아서 접근성 높이기 합격한 '사업계획서'까지도 나눠주다 55 지원사업에 선정되는 방법 56

인내하는 엄마처럼

공부하고 또 공부하기 58 | 인연의 끈을 놓지 않고 멤버를 모으다 59 | 직장경험을 이기는 아이 셋 엄마가 꾸리는 가정이라는 조직 경험 60 | 스타트업 대표의 역할이란 61 | 돈 보다 더 중요한 것 62 | 일을 찾아서 하는 능력, 새로운 일에 도전을 마다하지 않는 팀원 63 | 각자 잘 맞는 일을 스스로 찾아간다 64 | 팀원들의 역량이 시너지가 날 때까지 기다리기 66 | 스스로 답을 찾고, 성장할 것이라는 믿음을 가진 엄마처럼 67 | 워케이션과 재택근무 자율, 6시간 근무제 69 | 팀원의 성장 기다리기 70 | 다름을 인정하는 문화, 소통은 원래 어려운 것이라는 전제 71 | 둘만의 소통 시간, 우리 회사의 새로운 소통문화 짝꿍 타임 73

시스템이 일하는 회사, 이지태스크

대표가 빠져도 돌아가는 회사 75 | 씨를 뿌리는 일을 게을리하지 않는 것 76 서로 돕고 도움을 받으며 성장하는 전 국민 협업플랫폼 77 | 거리장벽을 넘는 글로벌 협업플랫폼 78 | 멈추지 않는 치열한 고민 79

Tip 스타트업 대표의 멘탈 관리법
　　서로 성장하는 네트워킹 만드는 법 82

Chapter 02 나비앤코

작지만 강한 혁신 평면형 브래지어

메디실리, 탁월한 접착력으로 알려지다 89 | 우당탕탕 첫 창업 91 | 펀딩 811% 달성 성공, 매직브라의 탄생 92 | 즉석 제작 가능한 '평면형 브래지어' 94 | '최초'를 '최고'로 창업 3년차 데스밸리에서 하고 있는 것들 96 | 나의 롤모델, 나의 비전 97

도전에 도전을 거듭하다

나이 50에 대학원생이 되었다 101 | CEO다워지는 연습 103 | 가장 어려운 건 팀 빌딩 104 | 자연스럽게 옥석이 가려진다 105 | 시스템을 만들기 위한 스타트업 대표의 몫 105 | 기록, 교육, 공부 나의 세 가지 루틴 106

아이디어를 기술로 풀어 제품으로 만드는 과정

고객의 의심을 확신으로 바꾸는 법 108 | 니즈를 해결할 아이디어를 기술로 풀어 제품으로 109 | 디자인 씽킹과 PMF 111 | 피보팅과 포지셔닝 112 | 같은 상품을 다양한 스토리로 테스트 113 | 린 스타트업 115

우리의 주 고객 정확하게 분석하기

내 아이디어에 대한 믿음 116 | 헬시 플레저, 스트레스가 줄어드는 브래지어 117 | 타겟 고객 선정 이유와 근거 119 | 우리의 고객, 바디 포지티브를 지향하는 여성 119 | 이제는 비교가 아닌 차별성 121 | 가치 쇼핑, 스트레스가 줄어드는 브래지어 121 | 우리의 타겟 세대 분석 123 | 우리의 최종 개발 목표는 124 | B2C와 B2B, 우리의 골대 M&A 126 | 포기하지 않으면 반드시 기회는 온다 128 | 브라 계의 잡스 128

유리천장은 없다

가족이 스타트업하겠다고 한다면? 131 | 비즈니스 골대가 있는가 132 | 어떤 일을 결정할 때의 가장 중요한 기준, 'why' 133 | 고정관념을 버리고 효율적으로 134 | 4살 차이 대구 남자 135 | 나의 박카스, 나의 비타민 136 | 엄마는 꽃게??! 137 | 유리천장은 없다 138 | 대한민국 여성 스타트업 포럼과의 인연 140 | 사업을 유지하는 원동력과 극복하는 힘 141 | 데모데이 대상, 투자 지원 이어가기 142 | 리더의 태도는 조직의 미래 144 | 공격적인 창업가를 응원한다 145

[Tip] 가성비 좋은 마케팅 채널, 라이브커머스

라이브커머스 운영하는 꿀팁 146

Chapter 03 리드앤씽

장애 아동 출산, 창업의 계기가 되다

장애아동의 엄마가 되다 155 | 강해져야 한다 156 | 음악 강사로서의 바람 157 | 첫 좌절이 창업의 계기로 159 | LH 소셜벤처 지원 161

이상적인 사회를 향한 노력

2B, B2C가 뭐예요? 163 | 사업자금에 대한 고민 164 | 모든 출발은 나의 개인적인 고민에서부터 166 | 아트 워크북 개발 168 | '장애'란 한사람이 가진 특별함에 불과하다 169 | 진정한 예술교육이란 170 | 교육활동 중에 발견한 이상적인 사회 171

세상의 모든 아이를 위한 교육

첫 단추는 키트 개발자 섭외부터 175 | 본격적인 콘텐츠 개발 전에 공부부터 177 | 세상의 아픈 아이들을 위한 예술교육 키트 179 | 리드앤씽의 교육 콘텐츠 181 | 아이들의 잠재된 가능성을 보다 183 | 세상의 모든 아이를 위한 교육 186

나의 원동력, 고객과 아이들

양극을 오가는 삶 188 | 가장 부러웠던 삶을 이루다 189 | 여성 창업가 정신, 아니 엄마 창업가 정신? 190 | 나의 롤 모델 193 | 우리의 미션, 아이들의 '어여쁨'을 알리는 것 194 | 우리의 프라이드 196 | 선한 교육을 제공하는 교육가이자 사업가 197 | 장애아동 교육시장으로도 영리기업이 될 수 있을까? 198 | 나의 원동력, 나의 아이들 199

낭만적인 사업가

교육 프로그램과 교구 개발, 앞으로의 계획 201 | 오프라인 강의 공간 확대 202 | 3년 후 우리 회사는 203 | 목표금액보다 300% 펀딩 초과달성하다 204 | 낭만적인 사업가 205 | 여성 창업가들을 응원합니다! 208

Tip 창업가 엄마에게 육아란
오늘 아이를 위해 꼭 해야할 두가지 210

Chapter 04 더하트컴퍼니

어쩌다 스타트업

어린이집 교사에서 맘메이트로 217 | 맘메이트, 한 여성을 위한 진로설계를 하다 219 | 브랜드미 프로젝트 222 | 맘메이트에서 더하트컴퍼니로 223

교육회사로 성장하다

더하트의 핵심성과, M4BT 225 | 더하트의 주요 프로그램 228 | 더하트의 사회를 변화시키는 주요 성과들 228 | 더하트의 정신 233

비마이시즌, 평생 잊지 못할 경험을 선물하다

비마이시즌 서비스 론칭 후 만난 그녀들 235 | 스타트업에도 브랜딩이 필요한 이유 236 | 비마이시즌의 페르소나 238 | 우리가 만들어 나가야 할 새로운 여성 문화란 241 | 코로나19를 이겨낸 와디즈 펀딩 도전기 243 | 한 사람에게 평생 잊지 못할 경험을 선물하는 것 244 | 새로운 브랜드 론칭 스토리, 워크어스(Work Us) 246

사회적기업으로 도약하다

사회적기업이 되기 위한 노력의 발자취들 248 | 사회적기업 대표의 마인드 251

스타트업의 '그 무엇도 포기하지 않도록'

스타트업 대표의 성장통 253 | 건강한 조직을 만드려는 집념 255 | 일 잘하는 사람이 모여 있는 곳 257 | 불가능을 극복할 용기 있는 태도 258 | 스타트업 팀원의 필요한 덕목 260 | 좋아하는 일을 함께 즐기며 성장한다 262 | 여성이기에 가능한 창업 264 | 사업가로 살아가는 나만의 리추얼 '스위치' 266 | 미래지향적인 비즈니스를 향해 268

에필로그 272

대한민국 여성스타트업 포럼이란? 276

01

역량데이터 기반
실시간 재택근로자
자동매칭 플랫폼
이지태스크

전 혜 진 대표

이지태스크는 실시간 온라인 사무보조 매칭 플랫폼으로 1년 365일 24시간 장소 제약 없이 같이 일할 사람을 찾을 수 있다. 기존의 프로젝트 단위의 분업구조에서 벗어나 일을 주고받으며 함께 성장할 수 있는 협업구조의 시스템이다. 커져만 가는 프리랜서 시장에서 사무보조 프리랜서를 쉽게 연결하여 전문가가 그들의 역할에 더 집중하고, 기업의 업무상 애로사항들을 해결해 줌으로써 성장에 속도를 더할 수 있도록 돕는다. 누구나 바쁘거나 잘 못 하는 일이 있을 때는 일을 맡기고, 시간 여유가 있거나 잘하는 일이 있을 때는 언제든 일을 할 수 있다. 서로 일을 도와주며 성장하는 전 국민 협업플랫폼을 넘어, 업무 역량 및 의뢰 과정을 표준화함으로써 언어장벽 없이 일할 수 있는 글로벌플랫폼으로서의 성장을 꿈꾸고 있다.

창업생태계의 선순환을
이끌어내기 위한 스타트업

소수 성향인 삶

남들과 다른 소수성향인 삶을 살아왔다. 여자가 극소수인 이과를 선택한 여고생, 10명에 한 명도 안 되는 여자 공대생, 그리고 100명에 한 명도 안 되는 여성창업가의 삶은 세상과 공감대를 형성하는 데 많은 어려움이 있었다.

내가 이상한 건지 세상이 이상한 건지 답을 찾지 못한 채 꽤 많은 시간을 보냈다. 20대 시절, 사업을 할 때 알게 된 사장님들은 최소 10살 이상 차이 나는 분들이어서 딱히 대화를 많이 할 일도 없었고, 창업학 석박사를 할 때는 나는 창업자도 아니고 교수도 아닌 상태로 소속이 애매한 상태였다.

이지태스크를 창업한 후로는 '대한민국 여성스타트업 포럼', '코리아스타트업 포럼', '제주스타트업 협회' 등 다양한 창업자 네트워크에 들어가 겉돌던 나의 정체성을 조금 찾아가는 중이다.

그 중에서 대한민국 여성스타트업 포럼(이하 여스포)은 내가 지나온 여정에서 겪은 혼란을 이미 겪었거나 겪고 있는, 그리고 겪을 수도 있는 여성 대표들이 함께한다는 점에서 매우 의미가 있다. 사업을 하다 보면 외부 고객에게는 늘 잘 되는 것처럼 보여야하기 때문에 정작 속 이야기를 밖으로 꺼내기가 쉽지 않다. 하지만 여스포에서는 별것 아닌 것 같은 자잘한 이야기들부터 흥망성쇠 이야기까지 폭넓게 나눌 수 있다는 장점이 있다. 지금까지 오기 위해 유리천장과 싸워왔던 이야기, 육아와 가사를 병행하며 일당 백으로 사는 이야기 등 외부에서 이해받기 어려운 여성 대표들의 이야기도 여스포에서는 다수가 고개를 끄덕이며 위로와 격려, 응원의 말로 서로에게 힘이 되어주고 있다.

문제 상황을 이기는 강력한 자아성취 욕구

때론 내가 불쌍하다. 멈추지 않는 폭주 기관차가 되어 과열된 줄도 모르고 달렸던 시절도 있었다.

책상과 혼연일치된 시간이 늘다 보니 몸이 굳어 팔이 올라가지 않아 목폴라를 벗을 수 없었다. 턱이 마비돼 입이 벌어지지 않을 정도였다. 내가 고등학생 때 너무나도 좋아했던 천재 과학자 스티븐 호킹도 책상에만 앉아 있어서 몸이 굳었을지도 모른다고 생각했다. 한두 시간씩 운동하면 나아질 꺼라 생각한 내 몸은 전혀 차도가 없었다. 다시 책상으로 돌아가 15시간 내내 앉아있었으니 짧은 운동으로 더 나빠지지 않으면 다행인 정도일 뿐.

여전히 나는 상처투성이 내면을 가지고 살아간다. 나의 상처는 보이지 않기 때문에 겉으로 드러내지 않으면 상대방은 자신의 의도와 무관하게 나를 다치게 할 수 있다. 여기도 다쳤고 저기도 다쳤다고 내 마음은 상처투성이라고 아프다는 이야기를 아무렇지 않게 하고, 책에서 위로받으며 스스로 보호막을 만들어 간다. 사업도 인생도 장기전이다.

그런데도 또 다시 도전하고 달리는 이유는 거기에서 얻는 성취감, 자존감, 만족감, 행복감 등 수많은 긍정적인 감정이 더 크기 때문일 것이다. 배부르고 등 따신 것만으로 해결되지 않는 '그 무엇' 말이다.

나보다 더 앞 단계를 나아간 시리즈 A, 시리즈 B ……. Exit를 한 선배 스타트업 창업가들이 가지고 있는 '그 무엇'. 그 격차를 줄여가고 싶다. 배워도 배워도, 배움의 갈증은 해소되지 않고 여전히 우물 안 개구리임을 느낀다.

다양한 경험과 학습을 통해 하나씩 내 것으로 체화시키는 데는 많은 시간이 필요하다. 경험해서 하나씩 일일이 배우기에는 인생이 너무 짧기에, 이미 경험한 사람들의 이야기를 듣기 위해 많은 시간을 할애하고 있다. 때문에, 시간이 허락하는 한 사람들을 만나고 강의를 듣고 책을 읽는 것을 주저하지 않는다. 유사한 강의도 듣고 또 듣고 비슷비슷한 책도 읽고 또 읽었다. 유사한 상황에서도 그들이 그런 이야기를 하는 이유는 다 다르기 때문에, 다양한 경우를 시뮬레이션하며 내 생각의 폭을 넓힐 수 있기 때문이다.

강의에서 한마디의 가치 있는 이야기를, 책에서는 한 줄의 인사이트를 얻으면 행복하다. 그리고 나와 다른 생각을 하는 사람을 만나면 새로운 시야를 얻고, 같은 생각을 하는 사람을 만나면 작은 확신을 이어갈 수 있어 좋다. 그렇게 작고 귀한 시간이 쌓여 내가 조금씩 단단해지고, 그렇게 성장하는 내가 대견하다.

시간을 쥐어짜서 돈으로 바꿔온 인생

20대부터 사업을 시작한 나는 한정된 예산으로 움직여야 했기 때문에 사업의 기획, 운영뿐만 아니라 홈페이지 제작, 코딩부터 디자인, 마케팅, 영업 등 모든 영역을 직접 해냈다. 시간이 지나고 자본이 생겨 직원을 고용했음에도 다양한 업무를 해줄 사람을 구하기 힘들어 결국 내가 도맡아 할 수밖에 없는 상황은 계속되었다.

요식업 사업을 했을 시절, 단골손님에게 내가 자리를 비웠을 때의 직원에 대한 문제점을 들은 적이 있었다. 나는 그런 문제가 또 발생하게 될지도 모른다는 불안감에 직원 일에 일일이 관여하며 1년 365일 자리를 비우지 못했다. 마이크로매니징 Micro Managing이 무엇인지, 득이 되는지 실이 되는지도 모른 채 그저 열심히만 살았다.

무역업, 외식업, 교육업 등 10여 년간 다양한 사업을 하면서 돈이 돈을 불러온다는 개념을 갖게 된 나는 짠순이로 살았다. 십 원짜리 한 푼까지 계산에 넣어 비용 절감하였고, 어떻게 비용을 사용하는 것이 효율적인지 고민했다. 일본에서 고양이 수입 분양을 할 때도 비용 절감을 위해 직접 가지 않고 일본에 출장 가는 사람에게 대신 고양이를 비행기에 태워주는 비용을 지불하는 형태로 사업을 진행했다.

이런저런 시도를 했으나 사업은 직원 5명의 규모를 넘어가지 못하고 벽에 부딪힌 상태로 시간만 계속 흘러갔다. 그렇게 내 에너지도 고갈되어 갔다.

성장 가능한 시스템은 어떻게 만들까?

대표자가 모든 일에 관여하지 않아도 되는 시스템은 어떻게 만드는 걸까? 어떻게 하면 사업의 규모를 키울 수 있을까?

다른 대표들을 찾아가서 물어보기도 하였지만 뾰족한 답을 얻기 어려웠다. 그러던 중 '창업학 석사과정'이 있다는 것을 알게 되었고, 석사과정을 소개하는 블로그 글을 보고 쪽지를 보내 미팅을 요청했다. 그렇게 만난 선배는 많은 인사이트를 주었다. 창업학 석사 입학 후에는 매주 두 명의 동문 및 대학원 동기를 만나는 것을 목표로 삼아 다양한 분야의 경험을 듣고 간접 체험을 통해 역량을 늘려갔다.

다양한 인사이트가 있었지만 그중 기존의 생각에 변화를 가져온 것은, 돈과 시간을 아끼기만 해서는 안 된다는 것, 쓸 때는 써야 한다는 것이었다. 비용을 아끼려고 하다 보니 외부로 나가는 비용이 아까워 직접 모든 일을 해왔다는 것을 깨달았다.

나무에 집중하고 있으면 숲을 볼 수 없는 법. 한 발 떨어져서 어떻게 시스템을 만들고 사업의 확장을 끌어낼 수 있을지 고민할 시간을 확보하는 것이 중요했다.

사람과 사람을 연결하여 선순환 구조 만들기

석사초기에는 전문가가 아닌 상태라 번역이나 자료조사, 디자인 작업 등 할 수 있는 모든 영역의 일을 받아서 처리했고, 시간이 지나면서 교재작성, 강의안 제작, 강의 등 업무가 늘어났다. 초기에 일이 들어오면 그 일을 100% 혼자 해내고 모든 수익을 가져갔다면, 새로운 인사이트를 얻은 나는 항상 나의 일을 나눠 도와줄 사람을 찾았다. 내게 들어온 일이지만 내가 시간이 안 될 때는 그냥 안 된다고 하고 끝나는 것이 아니라, 다른 사람들을 찾아 바로바로 일을 넘겨주어 나에게 일을 부탁한 사람이 빠르게 그 문제를 해결할 수 있도록 도왔다.

이러한 행동은 일의 처리 속도를 높였고 많은 사람이 일단 내게 업무를 요청하는 계기가 되었다. 이렇게 함께 일하거나 일을 넘겨받은 사람들이 내게 다시 일을 연결해주면서 수많은 일들이 나에게 배당되었다. 그렇게 선순환을 이끌어낸 덕에 심사, 멘토, 강사, 연구자, 컨설턴트 등 여러 방면에서 일을 할 수 있게 되었다. 업무 영역과 활동 범위의 폭이 점점 넓어지고 네트워킹 역량 또한 급성장했다.

사람과 사람을 연결하는 일, 과업을 분배하고 위임하는 역량은 나의 강점이 되었다. 하지만, 많은 사람이 이를 어려워한다는 것을 깨달았다.

사업 아이템을 고민할 때 '돈과 바꿀 수 있는 가치'가 무엇인지를 찾는 것이 중요하다. 나의 역량은 '사람과 사람을 연결하는 시간을 벌어주는 것', '귀찮거나 어려운 일을 각각의 업무를 잘하는 사람을 찾아 해결해주는 것' 두 가지로 집약할 수 있었다. 하지만 기존의 아웃소싱 회사들과 별반 다를 것 없는 활동일 뿐이었다. 내가 생각한 확장 가능한, 시스템으로 돌아가는 회사가 되기에는 턱없이 부족한 역량이었다. 전문적인 일은 기존의 네트워크를 활용했고 단순한 일은 아르바이트 사이트를 활용하여 구인 공고를 올려 사람을 찾아 일을 맡기는 형태로 처리했다.

수많은 멘토링을 하면서 대다수 창업자가 나의 지난 시절같이, 혼자 모든 일을 짊어지다가 성장에 발목이 잡히고 있음을 알게 되었다. 박사급이 되어도 단순 업무를 비롯한 많은 일을 혼자 해야 해서 '실력을 얻고 시력을 잃었다', '쓰러져서 링거 맞고 왔다'라는 이야기를 들을 때마다 답답했다.

초기 창업가나 전문가나 일을 도와줄 사람이 없다는 상황은 똑같았다. 도와줄 사람을 찾아 일을 나눠주라고 여러 번 이야기했지만, 대다수 사람들이 전문가 영역은 본인이 해야만 하고, 단순 업무는 사람 찾는 시간에 직접 하는 게 빠르다고 했다. 많은 사람이 정규직 시간 때우기 식의 업무를 해왔기 때문에 효율을 생각조차 안 했을지도 모른다. 하지만 나는 프리랜서로, 사업가로 활동한 시간이 길었기 때문에 비효율적인 시간은 생산성 저하로 이어져 수익과 결과물로 직결되기 때문에 관심을 가질 수밖에 없었다. 더군다나 유사한 프리랜서 집단이 계속해서 늘어나고 있기 때문에 성장 욕구를 가진 이들이 서로 협업하는 효율성에 대한 고민이 필요한 시점이라고 판단했다.

공유 오피스 공간에 직원을 배치해서 필요할 때 서로 나누어 사용하면 어떨까? 그러나 일은 몰릴 때 몰리고 없을 때 없는 게 일인지라 쉽지 않겠다는 결론에 도달했다. 어떻게 하면 해결할 수 있을까? 고민이 계속되었지만 뾰족한 수가 생각나지 않았다.

그렇게 시간이 흘러가던 중에 코로나19로 인해 온라인화가 가속화되기 시작했다.

창업생태계의 선순환을 위해 창업하다

'사람과 사람이 만나기 위해, 필요한 사람을 찾는데 바로 찾을 수 있다면? 사람을 찾는데 버리는 시간이 없다면? 여유가 생길 때 서로 일을 도와줄 수 있다면? 그런 사람들의 숫자가 많다면…?'

가능성이 보이기 시작했다. 여전히 어떻게 풀어야 할지는 막막했지만, 못할 것도 없을 것 같았다. 원래 하고 있던 대학교 강의, 심사, 멘토링 등을 진행하며 번 돈과 기존의 자산을 조금씩 현금화하여 회사에 쏟아 부었다. 창업과 관련된 일을 하는 주변 사람들에게 틈만 나면 그들을 붙들고 아이디어를 이야기하며 구체화하기 시작했다. 사람들의 니즈를 확인하고 아이디어를 단단히 함과 동시에 그렇게 확인된 니즈가 있는 사람은 우리의 잠재적 고객이기도 했다. 그리고 앞으로 함께 일하게 될 팀원의 관심을 유도하는 역할도, 아이템의 문제점을 찾는 순간이기도 했다. 이미 시장은 마케팅 효과 대비 비용이 높은 상태였고, 뾰족한 타겟 고객을 찾지도 못한 상태에서의 마케팅 비용은 버려지는 돈이나 마찬가지였다.

'창업학 전공자가 창업 현장의 문제를 찾아 창업생태계에 선순환을 이끌기 위해 회사를 만들었다.'

지인들에게 이 사실을 알렸다. 그중 몇 분은 인터뷰를 요청해주거나 관

이지태스크 광고 이미지

이지태스크 전혜진 대표

련 기자를 소개해주시기도 하였고, 지원사업에서 기사를 내 주기도 하였다. 이야기에 공감한 분들은 먼저 MOU 요청을 해주기도 하면서 든든하게 지지해 주었다. 모든 사건이 새로 발생할 때마다 또다시 지인에게 내가 어떤 일을 하고 있고, 어떤 방향으로 가고 있는지 알렸다. 이런저런 도움이 되는 서비스나 유사 사이트를 알려주기도 하고, 도움이 되는 분들을 소개해주기도, 협업할 일거리를 만들자고도 하시며 수많은 네트워크가 일사분란하게 돌아가기 시작했다.

시끄러울 정도로 얼굴에 철판을 깔고 단톡방마다 이지태스크의 상황을 올렸다. '채널 톡 개설했어요, 홈페이지 오픈했어요, 지원사업 합격했어요, 기능이 추가됐어요, 이벤트 중이예요, 기사가 나왔어요' 등 일주일에 두 개 이상의 이슈를 만들어 내며 이지태스크를 홍보했다.

나에게는 명확하지만,
남에게는 명확하지 않은 아이템

→

과업 위주 비대면 사회의 성장에 따른 시장의 변화

　기쁨을 나누면 두 배가 되는 것처럼, 주변 사람들과 일을 나누었더니 일이 두 배, 세 배가 되는 상황을 체험하면서 파이를 키울 수 있다는 확신이 들었다. 서로 부족한 부분을 메우며 나아가는 장님과 앉은뱅이같이, 누군가에게는 시간이 없거나 할 줄 모르는 일이지만 누군가는 시간이 있어서 할 수 있는 역량이 있기 때문이다. 이 둘을 연결하여 '상호성장하는 사회'를 만드는 것을 미션으로 삼고 하나씩 자료를 모으기 시작했다.

　신기하게도 자료를 찾고 인터뷰하다 보니 내가 생각한 많은 것이 이미 시장에서 이야기되고 있음을 확인할 수 있었다.

전문가들은 과로에 시달리고 있었으며, 직원들은 과도한 야근의 이유로 퇴사하는 경우가 늘어나고 있었다. 기존에 학생들이나 신입 대상자들에게 일을 가르쳐준다며 시켰던 일들은 '열정페이'로 불리며 논란 선상에 있었고, 정규직이 아닌 긱워커*Gig Worker나 프리랜서 시장은 계속해서 성장하고 있었다. 아르바이트 희망 1순위는 사무보조였으며, 딜로이트 컨설팅그룹에 의하면 2019년 코로나가 시작하기도 전에 향후 업무는 과업 위주의 거리 제약이 없는 방향으로 바뀔 것이라고 했다. 일자리 미스매칭Mismatching 문제는 지방에서 더 심했다. 누군가는 일이 많아서 문제지만 누군가는 일이 없어서 문제인 상황은 계속되었다. 모든 사인Sign은 이지태스크의 방향과 맞아떨어졌고, 시장에 대한 확신은 점점 굳어졌다.

구인·구직 시장을 관찰해보니

구인·구직 시장의 관찰을 시작했다. 사람들을 찾아 연결해주는 플랫폼 회사들과 아웃소싱 기업들을 있는 대로 찾아보았다. 국내뿐만 아니라 해외시장까지 보고 또 보았다. 구인·구직 관련 회사가 이렇게 많을 줄이야. 비슷비슷한 것 같으면서도 업무 분야나 타겟 고객이 조금씩 달랐다. 아르바이트를 연결해주는 앱은 30개가 넘었고, 담당 직원이 직접 사람을 찾아 연결해서 일을 해주는 아웃소싱 회사는 셀 수도 없이 많았다. 아웃소싱 형태의 일자리 연결 회사의 경우 시스템이 없어도 사업을 잘 영위할 수 있는 상황인데, 거기에서 시스템화까지 된다면?

긱워커Gig Worker 고용주의 필요에 따라 단기로 계약을 맺고 일회성 일을 맡는 근로자를 이르는 로, 디지털 플랫폼을 기반으로 한 공유경제가 확산되면서 등장한 근로 형태이다.

안정적으로 성장할 수 있는 기반이 될 거로 생각했다. 그리고 그 시스템을 가지고 있는 업체들(가사도우미, 택시, 대리운전, 배달 등)도 처음에는 사람들이 꺼렸지만 시간이 지나면서 인정받고 있다는 사실은 인내할 가치가 있다는 증거이기도 했다.

'사무업무를 돈 주고 맡기는 사람이 얼마나 될까?'

주변의 의심 어린 시선은 무시하기로 했다. 가사도우미도 배달도 모두 비싸다고 아깝다고 했지만, 이제는 익숙한 소비처가 되어있지 않은가. 자신의 인건비의 가치를 아는 사람이라면, 단순히 사무보조에게 지불하는 비용을 넘어서 그 사람들을 찾아 헤매는 자신의 인건비와 시간의 보상을 받고 싶을 것이다. 이러한 확신은 사업을 진행할수록 더욱 강력해졌다.

고정비 부담은 이지태스크도, 고객도 마찬가지

업계의 특징들을 분석하면서 내가 생각한 실시간 사무보조 매칭과 유사한 사업이 있는지 살펴보던 중, 해외의 유사 사업의 실패한 케이스를 발견했다. 사무업무를 대신 맡아서 직원을 관리해 주는 일이었는데, 그 실패 사례를 보지 않았더라면 어쩌면 나도 같은 시행착오를 거칠 수도 있었을지도 모른다. 공유 오피스 공간에 직원을 배치하려던 계획을 온라인으로 옮긴다고만 생각했지, 일할 사람을 정규 혹은 파트타임 고용이나 프리랜서로 업무를 진행할지에 대한 구체적인 계획이 없는 상태였기 때문이다.

아웃소싱 회사의 대다수가 일이 많으면 결과물을 만드는데 시간이 지연되어 고객의 불만으로 이어지거나 일을 더 받을 수 없게 되고, 일이 적으면 고용한 팀원들에게 급여를 주기 어려워 힘들어진다. 고정비를 줄이고자 기업들은 외부에 아웃소싱을 맡기지만, 아웃소싱 회사 또한 같은 상황으로, 그들의 고정비를 줄여 줄 파트너가 필요하다. 먼저 말한 실패 사례의 경우 기업의 사무보조 영역을 가지고 와서 400명까지 고용하며 급성장하였지만, 결국 고객의 업무가 그 규모를 유지할 만큼 균일하게 들어오지 않아서 사업은 적자를 기록하며 정규 고용의 문제점을 적나라하게 보여주었다.

'기존의 아웃소싱기업에도 우리가 필요하겠구나!'

확신이 더해지는 순간이었다.

나에게는 명확하지만, 남에게는 명확하지 않은 아이템

하루에 평균 세 번씩만 아이템을 설명했다고 해도 지난 2년간 오천 번은 넘게 설명했을 것이다. 이렇게도 설명해보고 저렇게도 설명해보고. 어떻게 하면 더 잘 이해시킬까? 한 번에 설명할 수 있는 단어는 무엇일까? 끊임없이 고민했다.

처음에 '실시간'이란 표현을 사용했지만, 실시간으로 연결해 줄 만큼 준비가 되지 않아 표현을 뺐다. 온라인 긱워커, 온라인 알바 등 다양한 표현을 찾아 시도해 보았다. 많은 사람이 '온라인 비서'라는 표현이 적합하다고 하였으나, 나는 '비서'라는 표현 자체가 중요한 직위에 있는 사람에게 직속되어있다는 느낌이 싫었다. 소속되어 있지 않지만 일을 도와

주어 힘이 되는 사람을 표현하고 싶어서 네이밍 공모전을 통해 '꿈을 이루도록 함께 한다'는 뜻의 '이루미'로 결정했다. 하지만 이 단어는 우리만 아는 단어일 뿐, 사람들에게 단시간에 이해시키기는 어려웠다. 사업계획서 심사 때는 5분이라는 짧은 시간에 회사 아이템 설명만으로도 바빠서 '이루미' 대신 '프리랜서'라는 표현을 써서 발표했지만, 프리랜서는 전문가 영역을 떠올리는 경우가 많았고, '긱워커'라는 표현은 처음 듣는 분도 많아 이루미와 별반 다르지 않은 상황이었다. 처음부터 단순 사무 영역으로 업무 범위를 한정 짓고 시작했으나 현재의 '사무보조'라는 표현으로 정리되는 데까지도 일 년 넘는 시간이 걸렸다. 이러한 고민을 들은 '쏘울잇개'의 최미혜 대표님이 지금의 '당신의 시간제 직원'이라는 아이디어를 주셔서 너무나 감사했다. 하지만 직원도 써본 사람이 쓰는 법이고, 회사에서는 직원을 고용하고 관리하는 것이 에너지가 더 많이 든다는 문제를 가지고 있다는 것을 확인하게 되었다. 사람을 찾는 것뿐만 아니라 다양한 관리 시스템을 보유하고 있는 우리의 장점을 어필하기에는 여전히 부족한 상황이었다.

지금은 "투명하고 신속한 아웃소싱"으로, "간단한 업무는 이지태스크로, 당신은 더 중요한 일을! 1년 365일 24시간 10분 단위로 간편하게! 30분 내 업무 시작 가능 담당자 2만 명 대기"라는 문구로 변경하였으며, 여전히 더 나은 표현을 찾아가고 있다.

역량이 있어도 일을 찾는 것이 힘든 사람들

일하는 사람이 없는데 고객보고 일을 달라고 할 수는 없는 일이었다. 일하는 사람을 먼저 모아야 했고, 자연스럽게 일하는 사람 쪽의 페르소나*Persona는 더 빠르게 명확해졌다. 경력 보유 여성, N잡러, 취준생, 조기 퇴직자 등 그들의 현재 상황은 다양했지만, 공통된 점은 실력이 있어도 일을 수주하기가 어려운 사람들이었다.

기존의 시장에서는 네트워크가 좋거나 프리랜서 플랫폼에서 상위 노출되어야 업무의뢰가 들어오고, 의뢰가 들어와도 실제 일로 연결되는 케이스는 드물다. 협상을 하는 시간까지 로스에 포함될 수밖에 없다. 프로젝트 업무의 경우 전문가가 아닌 사람은 들어가기가 힘들고 전문가들은 여전히 혼자 난이도 낮은 업무까지 해내고 있었다. 하지만 영업력이 없어도 일 잘하는 사람을 내가 다른 사람에게 소개해 주었듯이, 우리 회사는 기준을 잡고 시스템이 직접 선택하여 연결하는 역할을 한다. 택시를 탈 때 택시 기사의 운전면허증을 확인하지 않고 목적지에 데려다 줄 것을 믿는 것처럼, 이지태스크에 업무를 맡기면 해당 시간에 원하는 업무를 진행해 줄 것을 믿게 만드는 것이 지금 우리가 계속 도전하는 과제다. 일자리 미스매칭의 시장에는 또 다른 문제가 존재한다. 경력보유여

페르소나Persona 본래는 연극배우가 쓰는 탈을 가리키는 말이었으나, 그것이 점차 인간 개인을 가리키는 말로 쓰이게 되었다. 마케팅적 의미로 페르소나는 어떤 제품 혹은 서비스를 사용할 만한 목표 인구 집단 안에 있는 다양한 사용자 유형들을 대표하는 가상의 인물이다. 페르소나는 어떤 제품이나 혹은 서비스를 개발하기 위하여 시장과 환경 그리고 사용자들을 이해하기 위해 사용되며 어떤 특정한 상황과 환경 속에서 어떤 전형적인 인물이 어떻게 행동할 것인가에 대한 예측을 위해 실제 사용자 자료를 바탕으로 개인의 개성을 부여하여 만들어진다. 페르소나는 가상의 인물을 묘사하고 그 인물의 배경과 환경 등을 설명하는 문서로 꾸며지며 가상의 이름, 목표, 평소에 느끼는 불편함, 그 인물이 가지는 필요 욕구 등으로 구성된다. 소프트웨어 개발, 가전제품 개발, 인터렉션 디자인 개발 등의 분야에서 사용자 연구의 한 방법과 마케팅 전략 수립을 위한 자료로 많이 이용되고 있다.

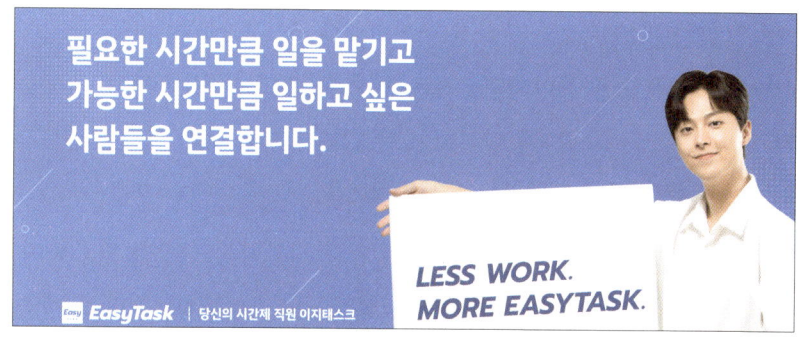

성은 육아와 일을 병행하여야 하고, 취업준비생은 학교나 학원에 다니면서 일을 하므로 4대 보험 정규직 일자리를 제공해준다고 해도 선택이 쉽지 않다. 양자택일로 해결되지 않는 수많은 문제가 존재한다.

하지만 이지태스크에서는 원하는 시간을 등록해놓고 해당시간에만 일하면 되기 때문에 육아나 교육과 병행할 수 있다. 프로젝트 단위가 아니라 통으로 책임을 져야하는 부담도 덜하고, 일을 수주하기 위해 자신을 홍보하고 고객과 협상해야하는 부담도 없다. 최저임금부터 시작하는 사무보조 업무를 통해 교통비, 화장품비, 의류비 등의 지출 없이 짬짬이 주 10시간을 일한다면 월 40만 원 이상의 소득을 창출할 수 있어 식대, 기저귀 값 등 소소하지만 꾸준히 나가는 지출을 커버할 수도 있고, 알차게 모으면 나를 위한 선물도 살 수 있다.

만 3년이 채 되지 않았지만 신한은행, 국민연금공단, 행복나눔재단, MG새마을금고, 한전KPS, 열매나눔재단, 사단법인피피엘, 함께일하는재단, 서울소셜벤처허브, 캠코, SBA, 용산여성인력개발센터, 동대문여성인력개발센터 등이 함께 이 문제를 고민해주고 든든한 동반자가 되어주어 얼마나 힘이 되는지 모른다.

일하는 사람이 먼저? 고객이 먼저? 양면 플랫폼의 딜레마

양면 플랫폼으로서 이지태스크는 고객과 일하는 사람이 모두 필요했다. 하지만 둘을 다 끌어들이기에는 한정된 자본과 시간, 시스템의 부재와 시장검증의 미완 상태라는 문제가 있었다.

둘 중 더 모으기 쉬운 쪽은 어디일까? 돈을 지불하는 사람이 머무를 수 있는 환경을 만들기 위해 일하는 사람들을 먼저 모으기로 했다. 일하는 사람이 많아야 양질의 서비스로 고객 확보가 가능하다고 판단했기 때문이다.

일하는 사람을 모으기 위해 아르바이트 광고를 활용했다. 12월 4일, 사업자 등록을 낸 시점에 대학교의 방학이었는데, 일 잘하는 사람들보다 학생들이 잔뜩 들어온 탓에 업무의 퀄리티가 불안했다. 실제로, 회사생활을 해보지 않은 학생들은 친구들보다 잘한다고 생각하면 자가 체크에 만점을 표시하는 경우가 허다했다. 5점 만점으로 자가 체크를 한 학생의 경우, 직장인 역량 3이 대학생의 역량 5보다 더 실력이 좋았다. 경험치가 낮다 보니 소통 능력에도 차이를 보였다. 이러한 문제를 해결하기 위해 의뢰된 업무에 대해 tip을 정리해서 준다거나, 샘플 케이스를 보여주며 고객의 요구사항에 어떻게 반응해야 하는지에 대한 정보를 제공했다. 그뿐만 아니라 화상회의에 같이 들어가서 관찰하며 비밀글로 업무에 대해 제대로 이해했는지 확인하도록 했고, 관련 자료를 찾아 보내주기도 했다. 하나하나 수동으로 테스트하며 필요하다고 생각하는 기능을 체크하고, 단순 회원가입과 구매 및 메시지 전송이 가능한 구 홈페이지는 버리고 새로운 홈페이지 개발에 들어갔다. 업무 수락이 가능하고 비용 차감이 자동으로 되며, 출근 시간과 퇴근 시간이 기록되는 추가 기능이 생겼다. 하지만 여전히 고객과 이루미의 실시간 소통기능은 없었으며 수동으로 화상회의를 개설하여 메시지를 전달했다. 고객의 메시지를 복사해 붙여 이루미에게 전해주고, 이루미의 메시지를 복사해 붙여 고객에게 전해주면서 업무의 이해도나 애로사항을 관찰했다. 다수의 고객을 유입시키기에는 내부 공수가 너무 많이 드는 게 문제였다.

백조처럼 우아하게,
발 밑은 분주하게

→

올바른 일을 하고 있다는 믿음

고객이 제대로 있지도 않은 상황에도 불구하고, 사업에 대한 확신을 두고 밀어붙일 수 있도록 힘을 실어주는 사례들이 계속해서 나타났다. 작은 것에 의미를 두는 내가 아니었음에도, 소소한 메시지 하나하나가 나의 사업에 원동력이 되었다.

이루미들과는 수시로 소통하며 관찰한다. 어떠한 문제가 있는지 왜 취업을 안 하는지, 업무난이도는 어떤지, 고객의 업무설명이 어렵지는 않은지, 우리 회사의 시스템에서 부족한 것은 무엇인지 등 다양한 이슈를 살펴보고 있다. 이지태스크를 시작한 지 얼마 안 되었을 때, 일을 무척 성의 있게 잘하는 이루미가 있었는데 취업이 잘 안된다고 했다. 지방이라 일자리도 없고, 서울에 가면 고정 생활비가 많이 들어서 번 돈을 거의 다 써야 하니 올라갈 엄두도 못 내서 미취업 상태로 경력이 없다고 말이다. 초기여서 일하는 사람이 많지 않았던 우리의 카드 뉴스 업무는 모두 그 이루미에 갔고 반복적으로 한 가지 분야를 하다 보니 한 달 만에 실력이 일취월장하여 포트폴리오도 꽤 쌓이게 되었다. 자신감을 얻은 그 이루미는 자신의 동네에서 업무역량을 어필하여 취업에 성공하였다며 우리에게 감사 인사를 표했다. 나는 너무나 기뻤고 여기저기 자랑을 했다. '우리 아이가 취업했어요!!'라는 느낌으로. 하지만 주변에는 '일할 사람 키워놓고 나갔는데 왜 좋아?'라는 반응을 보였고 나는 "괜찮아요. 고객으로 돌아올 거고, 주말이나 야간 N잡러로 남을 수도 있고, 주변에 좋은 경험을 소문내 줄 거니까요"라고 했다.

같은 사건을 바라보는 부정적 시각을 이기는 긍정의 힘, 올바른 일을 하고 있다는 믿음은 회사 배에 달린 돛과도 같다.

안정감을 더해주는 경력보유여성

취업준비생들은 앞선 사례와 같이 일을 하다가 못하는 경우가 생기지만, 초기 창업 때부터 정기업무를 같이해 주는 이들도 계속해서 늘고 있는데 이들은 대부분 경력보유여성이다. 정부에서 4대 보험 일자리를 만들려는 노력은 계속되고 있지만, 경력보유여성은 정규직을 선택하는 순간 육아를 대신 할 사람을 찾아야 한다. 아이 돌봄 비용과 직접 육아를 못 한다는 심적 부담이 들 수밖에 없다. 아이가 유치원에 가게 되어 육아에만 쏟는 시간이 줄어들었다 하더라도, 경력 단절의 기간은 메우기 쉽지 않다. 출퇴근하는 데 걸리는 시간과 과한 업무 부담 없이 사회복귀를 준비하고 싶어 하는 유치원생 엄마나 학부모들이 우리 회사 이루미의 페르소나다.

육아뿐만 아니라 부모님을 돌보아야 해서 서울에서 부모님 댁으로 내려간 경민 님의 경우, 처음에 다시 일을 시작하는데 걱정이 많았다고 했다. 함께 고객업무 화상 회의 방에 들어가 개인 채팅으로 자료를 찾아주기도 하고, 고객한테 물어봐야 할 것, 작업 유의 사항 등을 전달했다. 그렇게 손발을 맞춘 경민 님은 우리 전 팀원이 아끼고 먼저 찾는 '베스트 이루미'로 활약 중이다. 그리고 경민 님이 우리 회사에서 작업한 것을 SNS에 올려도 되는지 물었을 때, 당연히 포트폴리오로 써도 된다고 했는데 생각지도 못한 답을 들었다.

"친구들에게 살아있다는 걸 보여주고 싶어서요" 라고 말이다.

이지태스크의 최장수 이루미, 김경민 님과의 인터뷰

우리 회사의 원동력이 되는 또 하나의 신호이다.

페르소나를 제대로 정의하기

고객을 정의하는 데 많은 시간이 걸렸다. 처음엔 1인 기업 대표님들이 일손이 부족해 우리 서비스가 필요하겠다고 생각했지만, 의외로 혼자 일하는 것이 익숙해서 1인 기업으로 있는 경우가 많았다. 추가로 일할 사람이 필요하지 않았다.

일할 사람이 부족한 중소기업 대표가 우리의 고객일 거라고도 생각했다. 기존의 루틴 업무를 가진 기업의 대표들은 직원들이 알아서 일한다고 생각했다. 혹은 팀원이 없는 팀장일 거라고도 생각했지만, 대표의 지출 허가가 떨어져야 했다. 영업능력이 좋은 프리랜서라고도 생각했지만 밤을 새워서라도 일을 직접 해서 지출을 하지 않으려는 사람이 많았다. 내가 생각한 모든 가설이 틀렸던 것일까?

아니다. 페르소나를 정의할 때 인구통계학적 정보로 접근하던 습관을 버리지 못한 탓이다. 우리의 페르소나는 1인기업도, 중소기업도, 팀장도 아니었다. 일의 전체를 이해하는 기획자, 그 업무를 쪼개서 다른 사람에게 위임하여 일을 맡길 수 있는 사람이 우리의 페르소나였다.

그렇게 페르소나가 정의되고 나니, 기획·위임·분배 능력이 없는 사람들도 이지태스크를 쓸 수 있도록 사례들을 제시했다. 그전에는 'ppt를 맡기세요', '자료조사를 맡기세요'라고 이야기했다면 지금은 'ppt 앞에 한두 장 템플릿을 완성해서 주시고 뒤쪽을 똑같이 해달라고 하세요'라고 하고, 검색해야 할 사이트와 키워드, 검색목적 등을 표로 정리한 양식을 제공하고 있다. 페르소나를 제대로 정의함으로써 우리가 해야 할 일이 명확해진 것이다.

개인으로 받던 업무 부탁을 회사로 받도록 경로 바꾸기

우리가 가장 먼저 한 일은 업무를 맡길 수 있는 소통창구인 카카오 채널을 개설하는 것이었다. 나는 기존의 지인들에게 카카오 채널로 일을 맡길 수 있다고 이야기하고, 들어온 일은 팀원과 내가 직접 진행하며 1차 가능성을 테스트해 보았다. 동시에 일하는 사람들이 가입할 수 있는 홈페이지 기획에 들어갔다.

우리는 '린 스타트업Lean Startup'*방식으로 빠르게 시장에 접근했다. 홈페이지는 회원가입 외에는 기능이 없는 상태로 오픈하였으며, 업무는 채팅으로 받았다. 양쪽을 모두 모아야 하는 플랫폼이기에 일 년 넘게 일하는 사람을 모으는 데 집중했다. 삼행시 공모전, 영상 공모전, 디자인 공모전, 네이밍 공모전 등을 수시로 열어 영상을 만들 줄 알거나 디자인할 사람의 숫자를 계속해서 늘려갔다. 그들에게 '이지태스크'의 사업화에 필요한 시장조사, ppt 만들기, 이미지 작업, 카드 뉴스 만들기 등의 업무를 맡기며 매칭 포인트를 찾아나갔다.

처음부터 변하지 않은 목표는 자동화 시스템이었다. 카카오 택시나 대리

린 스타트업Lean Startup 짧은 시간 동안 제품을 만들고 성과를 측정해 다음 제품을 개선해 성공 확률을 높이는 경영 방법론의 일종이다. 일본 도요타 자동차의 린 제조(lean manufacturing) 방식을 본 뜬 것으로, 미국 실리콘밸리의 벤처기업가 에릭 리스(Eric Ries, 1979~)가 개발했다. 린스타트업은 「만들기 측정 학습」의 과정을 반복하면서 꾸준히 혁신해 나가는 것을 주요 내용으로 한다. 한편 리스가 쓴 동명의 저서는 2011년 미국에서 출간된 뒤 실리콘밸리에서 큰 인기를 끌었고 2012년 11월 국내에 번역된 뒤에는 국내 벤처기업뿐 아니라 대기업 임직원과 벤처투자자들 사이에서도 필독서가 되기도 하였다.

운전, 배달처럼 실시간으로 사람과 사람이 연결되는 시스템으로 해당 업무를 해당 시간에 할 수 있는 사람을 찾아 연결해 주는 시스템 말이다.

그렇게 하려고 보니 업무 표준화가 필요했고, 난이도 높은 전문가 영역은 표준화가 어렵겠지만 단순 사무 업무에서는 가능할 것으로 판단되었다. 최저임금 영역의 업무부터 정의를 시작했고, 카테고리를 나누고 업무의 기준을 잡아나가면서 계속해서 테스트했다.

시스템으로 만들 반복되는 패턴 찾기

회원가입밖에 되지 않는 시스템이지만 관찰을 위해 자동인 양 수동으로 메시지를 보냈다. 고객이 카드 뉴스를 만들어달라고 접수가 되면 그 내용을 정리해서 문자로 다수에게 뿌렸고, '업무 수락은 1번, 거절은 2번을 누르세요'라고 했다. 우리는 직접 1이라고 응답한 내용을 확인하고 고객에게 다시 매칭 확정 메시지를 보냈다. 거절의 2가 계속되는 경우에는 시간이 임박할 때까지 다수에게 더 메시지를 보내고는 막판에 내부 팀원이 투입되는 형태로 고객에게 매칭이 잘된다고 느끼게 하였다. 이렇게 습관이 들어버린 분들은 시스템이 만들어진 뒤에도 한참을 1번이나 2번을 눌러서 우리에게 웃음을 선사하기도 했다.

그러던 중, 코로나19로 오프라인 활동이 줄어들면서 전단지와 인쇄물 제작이 함께 줄어 고용했던 디자이너를 퇴사시키고 가끔 들어오는 업무로 디자이너가 필요한 인쇄소 사장님이 단골로 등장했다. 실시간 매칭을 주장하는 우리지만, 갑작스러운 고객의 요청에 대응하기에는 내부 디자이너도 시스템도 없었고, 메시지를 보내서 해당 시간에 그 일을 해

줄 사람을 찾기에는 일하는 사람의 숫자가 턱없이 부족했다. 그래서 디자이너 한 명씩 오전·오후로 나누어 3시간 고정으로 계약했다. 더 많은 고객을 확보하기 위한 선투자였고 그 두 디자이너는 지금도 우리와 함께하는 정기 매칭 시스템의 MVP이기도 하다.

반복 노가다가 발생하는 일들을 먼저 시스템으로 만들기

처음에는 무조건 뭐라도 해볼 수밖에 없었다. 진짜 필요한 기능이 무엇인지 알 수 없었기 때문이다.

화상회의를 일일이 수동으로 개설해 주는 일이 반복되자, 화상회의 자동 생성 기능을 넣었다. 화상회의가 있는데도 빈번히 채팅으로만 소통해서 채팅 시스템을 만들었고, 이루미의 급여를 일일이 입금하는 것도 수가 늘어나니 쉽지 않아 시스템으로 만들었다. 회사에서 돈을 내고 팀원들이 아이디를 공유해서 쓰다 보니 정작 일을 맡긴 사람이 아닌, 회원가입한 아이디의 연락처로 매칭 알람이 갈 수밖에 없어서 기업계정을 따로 만들었다. 매주 일을 맡기는 사람들이 늘어나면서 매번 수동으로 일을 수락해야 하는 번거로움을 없애기 위해, 정기 매칭 서비스도 만들게 되었다.

겉으로는 백조와 같이 우아하게 시스템이 돌아가는 듯 보였지만 수면 밑의 분주함은 계속되고 있다. 먼저 구축한 환경에서 고객의 니즈를 찾아 집요하게 관찰하고 빠르게 움직이는 일은 후발 주자가 우리 회사를 따라잡지 못하는 강력한 요소로 작용할 것이다.

쉬우면 재미없지,
쉬우면 이미 남들이 했겠지

나만이 할 수 있다는 확신

내 머릿속 비즈니스 모델은 매우 깔끔했다. 사람과 사람을 연결해 주고 수수료를 받는 것이다. 서로를 찾기 위해 노력하지 않아도 되고, 업무를 할지 말지 의논하는 양쪽의 시간과 에너지를 돈으로 환산하여 우리 회사의 수익으로 연결하면 되는 것이었다. 그러나 실제 시장을 열어보니 연결해 주는 것만으로 해결되는 단순한 것이 아니었다. 앞서 말한 바와 같이, 양쪽의 소통을 도와야 했으며 문제 발생을 최소화하기 위해 업무를 명확히 설명할 수 있어야 했다. 시장검증을 위한 한명 한명이 소중했기 때문에 24시간 내내 자다가도 채팅에 응답하였고, 화상회의를 수동으로 열어가며 관리했다. 화상회의 시스템에서 고객을 소회의실에 배치하여 업무를 진행했는데 핸드폰에서는 소회의실 배정이 안 되어, 영화를 보다가도 뛰쳐나와 노트북을 켜고 고객과 이루미를 연결해 주기도 하였다.

이러한 노력 하나하나가 세상을 바꿀 것이다. 쉬운 일이라면 다른 사람이 벌써 했겠지. 이 일은 나만이 할 수 있다는 확신이 나를 이끈다.

팀원들은 내 머릿속은 99.9% 회사 생각밖에 없다고 여전히 이야기하고 있을 정도로 모든 에너지와 관심사는 우리 회사 이지태스크에 집중되어 있다.

늘어나는 이루미들

고객도 있어야 하고, 일하는 사람도 있어야 하는 양면 플랫폼으로서 하나를 설명하기도 힘든데 두 가지 다 설명해야 하는 어려움에 봉착했다. 닭이 먼저냐 달걀이 먼저냐는 논란은 계속되었고, 일하는 사람이 당

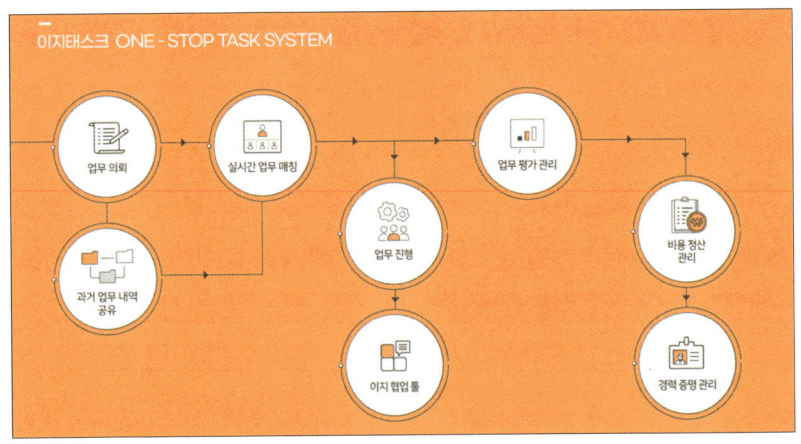

이지태스크의 원스톱 시스템

쉬우면 재미없지, 쉬우면 이미 남들이 했겠지

연히 먼저 있어야 한다는 것이 머리로는 이해되었지만, 당장 수입이 없는 상태에서 일할 사람만 모을 수도 없었다. 또한 일할 사람도 일을 주어야 머무를 텐데, 이탈하지 않는 방법을 찾아야만 했다.

우리 회사를 만드는 일이던 내가 외부 활동을 하면서 발생하는 일이던 일이란 일은 다 긁어모아 쪼개서 분배했다. 한 명이 한 시간 할 일을 열 명에게 맡기기도 하고, 이미 했던 일을 또 맡기기도 했다. 그렇게 하면서 일하는 사람들의 상대평가를 통한 퀄리티 기준을 잡기 시작했지만, 여전히 외부 고객들에게 실시간으로 일 잘하는 이루미를 매칭하는 것은 쉽지 않은 일이었다.

일하는 사람의 숫자도 부족했고, 실시간으로 일을 잡아서 한다는 개념이 없는 이루미들에게 즉각적인 반응을 끌어내기는 쉽지 않았다. 그나마 다행인 것은 취업이 안 되거나 취업이 되면 쓸모가 없어져 회원 탈퇴로 이어질 수 있는 기존의 구인·구직 사이트와 달리, 이루미들은 취업한 후에도 부수입을 벌기 위해 N잡러로 남아있고 회원수가 점점 늘어나고 있었다.

아이디어는 공격받으면서 단단해진다

초기에는 컴플레인도 많이 받았고, 퀄리티 문제가 해결되지 않은 상태에서 일이 마무리되기도 했다. 많은 시간과 에너지를 들여 찾아낸 것은 셀 수 없고 끝없는 문제였다. 만나는 사람마다 의문을 제시했다. 열심히 설명하면 우리 회사 이지태스크의 시스템을 이해하는 듯했으나 다시 내게 묻는 말을 들어보면 전혀 이해하지 못하고 있는 경우가 허다했다.

어떻게 하면 쉽게 이해할까? 정말 간단한 비즈니스 모델인데, 왜 이해를 못 할까? 그런 문제에 부딪힐 때마다 '괜찮아. 5년 뒤면 모두가 이해할 거야'라고 스스로 상기시켰다. 이런 생각과 소신으로 갈 수 있었던 것은 그동안의 창업 생태계에서 얻은 경험치에 있다. 수많은 아이디어가 있었지만, 누군가는 그것을 현실로 만들었고 누구는 그것을 불가능하다고 이야기했다. 수년간 예비창업패키지, 초기창업패키지, 각종 창업경진대회를 심사하면서 이래서 안 되고, 저래서 안 되고 하는 이야기들을 쉼 없이 할 수밖에 없는 심사위원의 입장을 이해하기 때문이라 해도 과언이 아니다. 원래 아이디어는 공격받으면서 단단해진다. 안 된다고 한 부분을 되게끔 만드는 것이 사업이기 때문에 그러한 노력을 멈추면 안 된다. 공격하는 사람이 늘어나면 늘어날수록 수비하는 능력을 키워야 한다. 되는 이유는 한가지이지만 안 된다고 하는 이유는 수백 가지가 넘는 것이 현실이기 때문이다. 그렇지 않다면? 다른 사람들이 벌써 사업화하고 있어야 정상이다. 투자자를 비롯한 많은 지인이 여전히 나에게 질문한다. 할 수 있겠냐고, 어떤 부분은 답이 안 보인다고.

과연 지금 답을 알고 시작하는 사람이 몇 명이나 될까? 우리가 추구해야 하는 것은 지금의 정답이 아니라 3년 뒤, 5년 뒤의 정답이다. 그런 고민이 미래를 앞당기는 역할을 할 것이다. 나는 내 머릿속에서 생각한 미래의 세계가 올 것이라 확신한다. 어떤 식으로 풀 수 있을지에 대한 방법이나 시기가 달라질 순 있어도, 방향은 바뀌지 않을 것이다.

대표의 100% 확신이 있어도 될까 말까 한 것이 스타트업이고, 남들보다 더 깊게 고민한 만큼 결과를 가져갈 것이라는 데에 한 치의 의심도 없다.

나를 표출하고 원하는 것을 분명히 표현하기

　나를 표출하는 것이 얼마나 중요한지는 여러 번 경험을 통해 확인했다. 한번은 스타트업 대표들만 모이는 행사에 가서 직접 모든 대표에게 전단지를 나눠주었고, 그 행동은 필요한 활동이라고 생각했다. 그런데 신기하게도, 알아도 그렇게 하는 대표를 못 보았는데 놀랍다는 이야기를 들었다.

열심히 사는 게 습관이 된 탓일까? 그런 작은 행동 하나하나가 쌓여 커질 미래를 그리고 있기 때문일까? 무엇이든 어쩌랴. 우리 회사가 한 번이라도 언급될 수 있다면 그 모든 활동은 중요한 것임이 틀림없다.

처음 대학원 석사에 들어가서 얼마 되지 않아 원우회장을 하겠다고 했다. 많은 사람이 '여기 현직 대표들이 얼마나 많은데 네가 한다고? 어린데? 여자인데? 원우회장 하면 돈 천만 원은 내야 한다'는 등 안 되는 이유를 늘어놓았다.

어린것이, 여자인 것이 무엇이 문제인지, 돈을 꼭 직접 내야 하는 것인지 하나씩 다시 붙들고 물어보았고, 그 모든 내 조건들이 문제가 아님을 확인했다. 사람들은 소통을 잘하길 바랐고 나이 많은 대학원 동기 및 동문과 잘 지내길 바랐다. 모임이 원활하게 돌아가기 위해서는 돈이 부족하면 안 된다고 했다. 그 문제들을 하나씩 해결하기 위해 일주일에 두 명의 선배를 찾아가 조언을 구했고, 원우회 운영을 위한 소통 능력을 배웠다. 나이 많은 선배들의 의견을 모았고, 행사에 찬조해줄 동문을 찾았다. 그렇게 나를 반대하던 다른 두 명의 후보는 자진 사퇴 했을 뿐만 아니라 나의 든든한 지지자가 되어 함께 원우회를 운영해 주었다.

책을 쓰고 싶다고, 강의하고 싶다고 이야기하고 다녔더니 책 쓰는 일을 도울 기회가 생겼고, 강의보조로 활동할 기회들이 주어졌다. 그 기회들은 실제로 대학 정규 강의로 연결되기도 했다.

내가 원하는 것을 이루는 가장 손쉬운 방법은 내가 가지고 있는 것, 원하는 것을 널리 알리는 것이다.

이지태스크의 업무매칭 종류

모든 경로를 찾아서 접근성 높이기 위해
합격한 '사업계획서'까지도 나눠주다

창업전문가로 활동하면서 사업계획서 샘플을 얻는다는 것이 쉽지 않다는 것과 강의를 위해서 기업을 조사하는 것도 한계가 있다는 것을 알고 있었다.

나는 사업계획서를 마케팅 요소로 활용하고 있다. 누구보다 빠르게 일을 해나갈 자신감과 이 문제에 대해서만큼은 나만큼 고민한 사람이 없다는 확신이 있었기 때문이다. 후배기업 및 강사들에게 합격한 나의 사업계획서를 아낌없이 나눠주며 필요시 멘토링도 해주면서 저변을 넓히고 있다. 우리 서비스를 시간을 들여 이해하려고 노력할 사람은 없지만, 사업계획서를 어떻게 썼는지 살펴보다 보면 자연스럽게 우리 서비스를 알게 될 것이라고 믿기 때문이다. 한 시간 동안 회사를 어필할 수 있는 CEO 특강도 열심히 참여하는 것도, 커뮤니티 활동을 열심히 하는 것도 같은 이유다. 고객이 접근할 수 있는 모든 채널을 열어두어야 하기 때문이다.

사람들이 구글 플레이스토어에서 검색하는 것을 보고는 바로 앱을 만들기도 했다. 사실 앱이라기보다는 홈페이지를 모바일 버전으로 연결하는 버튼일 뿐이었지만 검색에 걸리는 것이 중요했다. 그렇게 모든 경로를 찾아서 접근성을 높이는 일은 초기 스타트업에게는 무척 중요한 일이다. 편의점 매출이 계단 개수에 따라 달라진다고 할 정도로 모든 고객의 접근은 쉬워야 하는 것은 기본이다. 구매와 사용 편의성은 그다음 문제다. 사든 안 사든 일단 가게가 있는지는 알아야 하니까.

지원사업에 선정되는 방법

나는 창업전문가로서 예비창업패키지, 초기창업패키지를 비롯하여 다양한 지원사업의 심사 활동을 오랫동안 해왔다. 그러한 경험 속에서 깨달은 것은, 사업 진행 정도와 속도가 가장 중요하다는 것이었다. 물론 각 기업이 비슷한 상황일지라도 사업계획서를 돋보이게 잘 쓰는 것도 중요하지만, 어디까지나 상대평가이기 때문에 타 기업보다 더 나아 보여야 한다.

'같은 예산을 들였을 때 얼마만큼의 매출, 고용, 특허, 투자 등의 실적을 가져올 기업은 어디인가?'

보통은 지원금을 받으면 '고용하겠다', '외주로 개발하겠다', '시장조사 하겠다'고 이야기한다. 하지만 우리는 선정된 기업이 지원 받은 6개월 뒤를 미리 살펴보고 그 모습을 사전 세팅했다.

지원사업이 2~3월이면 시작되기 때문에 미리 12월에 사업자등록증을 내고 1월부터 준비하여 2월에 홈페이지 오픈을 마쳤다. 홈페이지가 없어도 붙을 수 있는 지원사업의 경우도 붙은 다음 졸업할 때쯤에는 홈페이지가 있어야 하니 미리 만들면 상위권에 들겠다고 판단한 것이다.

지원사업에 붙으면 선투자한 비용을 뽑을 수 있을 것이라는 확신을 가지고 늘 먼저 움직였다. 개발팀을 정규 고용할 자본이 없음에도 몇 달만 먼저 개발팀 비용을 내면 투자자에게 투자받고 '팁스TIPS중소벤처기업부의 기술창업 지원 프로그램'에 선정될 수 있으리라 생각했다. 늘 그렇게 먼저 마중물을 붓고 더 빠르게 세팅하려 애를 썼고 다수의 사업에서 좋은 결과를 보이며 다음 지원사업의 우수 후보가 되며 선순환을 이끌어냈다.

쉬우면 재미없지, 쉬우면 이미 남들이 했겠지

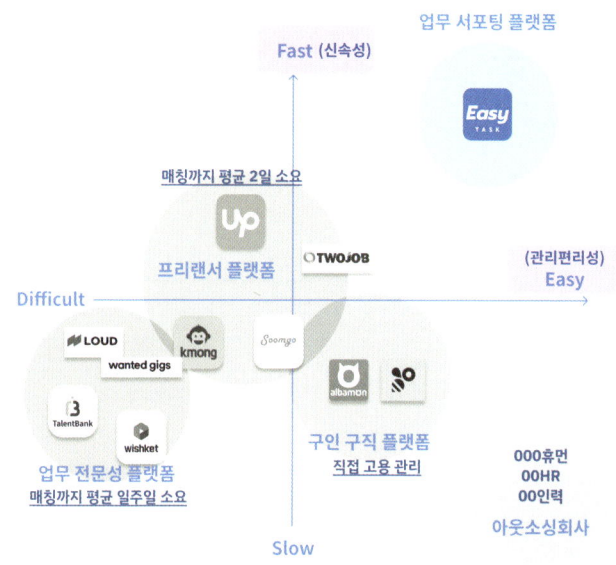

이지태스크의 차별성

타 프리랜서 플랫폼	VS	이지태스크
전문가 수준	업무 레벨	간단 사무보조 (실무 서포트 수준)
프로젝트	업무 단위	시간 단위
전문가별 상이 / 협의 필요	가격	시간당 고정 가격
직접 전문가 찾고 비용 협의	매칭방법	업무 요청서 하나면 OK! (평균 작성 시간 3분 이내)
1~3일	매칭속도	평균 30분
가능 여부 확인 필요	세금계산서 발행	가능

타 프리랜서 플랫폼과 이지태스크와의 차이점

인내하는 엄마처럼

공부하고 또 공부하기

사실 나의 업무 스타일은 뒤돌아보지 않고 앞으로 돌진하는 스타일에 가깝다. 하소연하고 불평하는 시간에, 남 탓할 시간이 있으면 '나나 잘하자'라는 생각이 강한 사람이다. 하지만 잘하려다 보니 뒤를 돌아볼 수밖에 없었다.

20대 때 나는 "사장이 뭘 알아?"라는 소리를 들었고, 30대 창업학 석사 시절에 원우회장을 한다고 했을 때는 "네가 뭔데?"라는 소리를, 40대에는 "욕심이 너무 많다"라는 이야기를 들었다. 그런 소리를 들을 때마다 왜 그런 이야기를 들어야 하는지 억울함이 밀려왔고, '모르는 건 배우면 되지!', '뭔지 보여주면 되지!', '욕심이 아니란 걸 증명하면 되지!'라는 생각으로 공부하고 또 공부했다.

책을 읽고, 사람들을 찾아다니며 계속해서 질문을 하면서 생각을 정리해 나갔다. 부족한 것이 무엇인지, 어떻게 부족한 부분을 채워나갈 수 있는지, 내 생각에서 잘못된 부분이 무엇인지 끊임없이 묻고 또 물었다.

내가 한 모든 질문은 상대방이 아닌 나에게 한 질문이었다. 그런 질문들은 나를 한 뼘 더 성장시켰고, 숲을 보고 기다릴 줄 아는 사람으로 만들어 주었다.

인연의 끈을 놓지 않고 멤버를 모으다

초기 팀원의 구성은 발품을 많이 팔아야 한다. 구인 공고를 통해 적당한 월급을 제시하고 적당한 비전에 합이 맞는 사람을 찾아서는 적당히 있다가 떠날 것이다. 끊임없이 일을 확장해 나가려는 나 전혜진에 대해, 이지태스크의 아이템에 대해, 사업의 방향성을 이야기하면서 상대방의 관심과 흥미도를 확인했다. 그런 이야기가 통하는 사람, 듣고 싶어 하는 사람, 다음 이야기를 궁금해하는 사람을 찾아야 했다.

창업학 석·박사를 하면서 사업을 쉰 지 십여 년이 되었고, 중이 제 머리 못 깎는다는 주변의 이야기들을 무시할 수 없었다. 교육을 하던 입장에서 교육을 받기로 결정했다. 창업 교육을 신청해서 사업계획서를 쓰고 아이템 검증받는 첫 시도를 했다. 하지만 교육에만 선정이 되고 최종 사업계획서 발표 수상자에서는 떨어졌다. 아직 고민이 영글지 않은 탓이리라. 하지만 수상보다 더 귀한 보물을 얻게 되었다. 창업교육을 들으며 열정으로 눈이 빛나던 은지 님을 만나게 된 것이다. 다른 아이템을 가지고 참여했으나 아이디어만으로는 사업화하기 어렵다는 것을 고민하고 있던 은지 님을 찾아가서 사업을 같이 하자고 부탁했다. 비록 월급은 많이 주지 못하지만, 사업을 멘토링 해 줄 수 있으니 일단 내 사업을 도와주면서 은지 님의 아이템을 다져가는 게 어떻겠냐고 설득했다. 그렇게 이지태스크의 첫 팀원이 생겼다. 은지 님은 우리 회사 일과 본인의 아이디어를 구체화하는 두 가지 일을 동시에 진행하며, 내가 밖에서 얻어온 인사이트를 결과물로 만들어 주는 역할을 하고 있다.

직장경험을 이기는 아이 셋 엄마가
꾸리는 가정이라는 조직 경험

아이 셋의 엄마이기도 한 은지 님은 자신이 사업 경력이 없음을 걱정했다. 자신감과 열정을 갖고 있었지만 밖으로 표현하지 못했다. 하지만 나는 정말로 은지 님이 잘하리라는 것을 믿어 의심치 않았다.

은지 님은 최소 직원 다섯 명 이상인 가족이라는 조직을 운영 중이었다. 가족이라는 조직을 운영하는 것은 회사를 운영하는 것과 비슷하다. 시댁이라는 투자자 두 명과 외부 파트너와 같은 친척들, 공동창업자인 남편, 그리고 세 명의 직원인 아이들이 있었다. 세 명의 직원은 월급을 따박따박 받아 가면서 밥값을 언제 할지 막연한 상태였고, 공동창업자가 외부 업무를 통해 벌어들이는 돈은 한정적이었다. 인력투자를 한 투자자들은 자신의 목소리를 내고 싶어 하는 등 순수익 없이 소비만 늘어나는 스타트업과 하나도 다르지 않았다.

가족의 개념에서 공동창업자와 결별하고 한 명의 직원을 건사하고 있는 나는 투자자와 공동창업자에게서 벗어났을 때의 장단점에 대해 함께 이야기했다. 월급을 많이 주고 싶지만 줄 수 없는 마음도, 좋은 환경을 만들어 주고 싶어도 할 수 없는 마음도, 내 뜻과 다른 구성원들로 속 썩는 것도 똑같지 않은가. 여전히 은지 님의 질문에는 다른 이들이 경험하지 못한 고민의 깊이가 담겨 있음을 느낀다.

스타트업 대표의 역할이란

직원 혼자서 사업과 관련된 서류와 비용 처리만 해도 너무 많은 시간이 쓰여서 정작 사업을 발전시킬 시간이 모자랐다.

나는 창업 교육이나 외부 활동으로 더 많은 소득을 벌고 있었고, 외부 활동을 통해 투자자와 관계자들을 계속 만나고 있어 네트워크의 활용도가 높았기 때문에 내가 그 일을 그만두고 내부 일을 하는 것은 비효율적이었다. 파트타임으로 가끔 특강, 멘토링만 해도 두 명의 급여를 충당할 돈을 벌어올 수 있었기 때문이다. 그래서 나는 업무를 기획하고 분배하는 역할만 하고, 외부 활동을 계속하기로 했다. 창업한 지 두 달 만에 두 번째 팀원을 뽑기로 했고, 전에 살던 동네에서 나를 믿고 따르는 정수 님에게 같이 일하자고 제안했다. 그녀에게 돈 관리까지 믿고 맡기고 나니 일에 추진력을 얻을 수 있었다.

그렇게 셋이 반년을 함께 했다. 지원사업에 합격하고 이루미와 고객 확보를 동시에 하면서 새로운 홈페이지 기획과 외주업체와의 소통도 필요했다. 여기서도 나는 기본적인 원칙인 '대표가 직접 일하지 않는다. 모든 일은 담당자가 있어야 하고 담당자가 할 수 없는 문제 상황에만 대응

한다'를 적용했다. 이 원칙은 이루미와 협업하는 모든 팀원에게도 적용되었다. 꼭 직접 해야 하는 일을 제외하고는 각 업무에 적합한 이루미를 찾아 각자의 업무량을 조절한다. 기획과 업무, 분배 및 위임 능력을 갖추는 것이 이지태스크 팀원이 갖추어야 할 기본역량이다.

돈 보다 더 중요한 것

음식점을 운영했을 때, 적정한 인력 고용수에 대해서 많이 고민했다. 손님이 갑자기 몰려오면 일손이 부족하고, 그렇다고 넉넉히 고용해놓으면 손님이 없을 때 인건비 감당이 힘들었기 때문이다. 손님이 한꺼번에 몰려와 일손이 부족할 땐, "반찬이랑 음료수를 스스로 가져가시면 음료수는 무료로 드려요"라고 하며 급한 불을 끄기도 했다. 근처 사는 친구에게 SOS를 보내기도 했고, 손님으로 와있는 지인에게 도움을 요청하기도 하면서 그 상황들을 모면했다.

스타트업의 경우 사업을 장기적으로 보고 여유자금을 준비해서 핵심 인력에 선투자하여 시스템을 잡아가기도 하지만, 음식점 서빙은 핵심 인력도 아닌 데다가 자주 바뀔 수밖에 없다는 문제를 가지고 있었다.

초기 6개월 동안 홍보가 되지 않아 적자로 허덕이던 나는 돈을 더 쥐어짜면서 악순환을 만들어 내고 있었고, 내 몸을 갈아 넣어 돈을 아끼다가 결국 병원행으로 그 돈을 다 날리는 경험을 했다. 다행히 그렇게 한번 호되게 아픈 후, 돈보다 내 건강이 우선이라는 것을 깨닫게 되었다. 많은 식당의 매물들이 주인의 건강 문제로 나오고 있음을 창업학 석사를 하면서 알게 되었다.

다시 이지태스크의 이야기로 돌아가자면, 우리 회사는 선순환을 이끌 사람이 필요했다.

일을 찾아서 하는 능력, 새로운 일에 도전을 마다하지 않는 팀원

고객의 만족을 위해 다음 단계를 이끌어나갈 추가 팀원이 필요했다. 창업 멘토링을 할 때 멘티였던 지현 님과는 멘토링이 끝난 뒤에도 종종 개인적으로 만나면서 친분을 유지하고 있었다. 만날 때마다 나중에 내가 사업하면 같이 하자고 했고, 사업을 시작한 뒤에도 또 이야기했다. 지현 님은 같이 일하기도 전부터 "이지태스크에 이런 것이 있으면 좋겠다", "이런 부분은 바꾸었으면 좋겠다" 등 의견을 주었고 많은 고민 끝에 합류하게 되었다. 홈페이지 외주 관리에서 현재는 마케팅으로 넘어와 CMS 홈페이지 담당까지, 이지태스크에서 일손이 부족한 자리를 스스로 찾아 새롭게 학습하고 외부에 물어보면서 틈새를 메꿔주어 얼마나 든든한지 모른다.

나는 스타트업 멤버의 필수 조건으로 '일을 찾아서 하는 사람'이라고 말하고 싶다. 지현 님은 문제가 발생하면 해결하고, 그 해결을 위한 도전이 자신의 성장에 도움이 된다는 것을 인지하고 있는 사람이었다.

그런 사람이 또 누가 있을까? 주변을 둘러보았다. 생각해 보니 나에게는 제자들이 있지 않은가?

창업학과 학생들은 기본적으로 그 조건이 갖추어져 있었다. 역량의 차이는 조금씩 있지만 말이다. 그렇게 네 번째 멤버인 지윤 님을 찾아냈다. 지윤 님은 수업 시간에 자신의 의견을 적극적으로 잘 내고, 밝은 분위기로 팀을 선도하는 문제해결 능력까지 갖춘 좋은 학생이었다. 갓 졸업한 신입이지만 많은 외부 활동 경험을 통해 다양한 고객 경험을 가지고 있었고, CS 체계를 빠르게 잡아나갔다. 주변에 이런저런 일을 재느라 실천력이 부족한 능력자와는 비교할 수 없는 귀한 팀원들이 그렇게 또 늘어갔다.

각자 잘 맞는 일을 스스로 찾아간다

사실 처음부터 이 사람한테는 이 일이 적합하고 저 사람한테는 저 일이 적합하다는 기준은 없었다. 다만 경험을 통해 전문성을 만들 수 있을 것이고, 일의 적성을 찾기 위해서는 다방면에 업무를 해보는 수밖에 없다고 생각했다. 업무 범위가 명확하지 않은 스타트업은 어떻게 보면 자기 적성을 찾을 좋은 기회가 된다.

초기 팀원들은 나에게 어떤 사람이 필요한지, 어떤 역량이 필요한지 물었으나 나는 "당신이 필요하다"고 대답했다. 초기라 일의 영역이 없다고, 이런저런 업무를 복합적으로 진행하다가 맞는 분야가 생기면 그쪽 일에 집중하면 되니 하고 싶은 것을 해보라고 권했다. 그리고 부족한 영역이 있으면 그쪽으로 사람을 뽑으면 되니 걱정하지 말고 잘하는 일을 찾아보라고 말이다.

그런 덕분일까? 이런저런 일을 고루 접한 우리 팀원들은 영업, 마케팅, CS의 영역을 넘어서 다른 팀에서 인력이 부족한 상황에 부닥쳤을 때 그들의 업무를 도와 함께 움직여 주었다. 그리고 20여 명의 팀원이 된 지금은 각자의 자리를 찾아 자신의 영역에서 전문성을 키워가고 있다.

이용자수 4만 명 돌파의 주역, 이지태스크 팀

팀원들의 역량이 시너지가 날 때까지 기다리기

처음 대학교 강의를 했을 때는 학생들이 내 말을 못 알아듣는 것이 답답했다. '내가 외계어를 하고 있나?' 라는 생각이 들기도 했다. 하지만 시간이 지나면서 학생들에게 설명하는 요령이 늘기 시작했고, 한 학기가 지나면서 변화하는 학생들을 발견했다. 그리고 그렇게 성장한 학생들이 창업하고 어엿한 대표의 역할을 해내는 것을 지켜보면서, 충분한 시간이 필요한 일들이 있다는 것을 깨닫게 되었다.

또한 템플릿을 제시한 숙제와 대략적인 주제만 전달한 숙제가 다른 결과물을 가져오는 것을 확인했다. 이런 구체적인 방향을 제공하는 템플릿을 만들어 내는 습관들이 우리 회사의 업무요청 템플릿과 기준을 만드는 데 한몫하고 있다.

이런저런 시행착오는 나에게만 생기는 문제는 아닐 것이다. 이런 시행착오를 거쳐 성장에 이르는 것이 중요하다. 팀원들에게 성장할 기회를 제공하고 기다려 주는 것이 내가 리더로서 하는 일이다. 하지만 마냥 기다리기만 하는 것은 아니다. 스타트업이 J커브를 꺾으며 성장하듯이, 팀원들이 성장에 몸부림치다 슬럼프를 겪고 다시 반등하는 속도와 회사의 성장 속도가 같을 수 있도록 템포 조절을 하는 것도 나의 역할이기도 하다.

빠르게 성장하는 스타트업의 경우, 초기 팀원들의 역량이 회사의 성장을 따라잡지 못해서 경력직들이 대체하게 되면서 팀원이 좌절을 겪는 경우가 많다. 그렇기 때문에 6시간을 근무하고 나머지 시간은 충분히 공부하고 외부 미팅을 할 수 있도록 독려하고 있다. 또한 우리는 이루미와 협업하는 능력이 필요하기 때문에 혼자 일을 짊어지고 시간을 보낼 필요도 없고, 그래서도 안 된다.

초기 스타트업은 좋은 인재를 들이는 것조차 어렵다. 아이템이 영글지도 않았고 미래도 보이지 않기 때문이다. 그래서 간만 보고 나가는 경우도 허다하다. 모든 것을 다 알고 있다고 말할 수는 없지만, 10여 년간 지켜봐 온 스타트업의 특성들을 잘 알고 있다. 유사한 성장성과 특성을 가진 타 기업들과 차별화된 메리트를 주어야 좋은 인재를 빠르게 모으고 합을 맞추어 빠르게 치고 나갈 수 있으리라 생각했다.

팀워크를 높이고 팀원들 스스로 좋은 회사임을 자부하게 할 만한 좋은 회사 환경은 무엇일까?

고민 끝에 6시간 근무제, 유연근무제, 워케이션, 재택근무 무제한, 짝꿍타임, 이루미 무제한 사용 등을 결정했다.

스스로 답을 찾고, 성장할 것이라는 믿음을 가진 엄마처럼

나에게 지난 일년간 무엇이 가장 힘들었냐고 묻는다면, '인내하는 것'이라 대답할 것이다. 내가 직접 하면 빨리 끝내는 정답이 빤히 보이는 일들인데도, 그렇게 하지 못하는 팀원들을 일일이 참견하지 않는 것이었다. 팀원 대신 일을 하지 않을 뿐만 아니라, 답도 주지도 않으며, 가이드라인만 제시해주고 스스로 해결하고 성취감을 가질 시간을 준다. 내가 직접 하면 회사와 팀원들은 배울 기회를 잃고 답을 주면 생각할 기회를 잃는다. 팀원들에게 쉽게 답을 주지 않는 이유는 다음과 같다.

과거로 돌아가 육아의 사례를 하나 들자면, 보통 엄마들은 아이들에게 컵을 주고는 아이가 흘리면 짜증을 내며 청소한다. 그게 싫은 엄마들은 빨대 컵을 사주거나 직접 컵을 들고 아이에게 먹인다. 하지만 나는 쏟아도 되는 작은 양을 덜어 컵에 담아주고 흘려도 화내지 않았다. 왜냐하면 흘리는 게 당연하고 그 과정을 거쳐야 소근육이 발달하고 컵을 균형 있게 잡는 법을 빠르게 습득할 수 있기 때문이다. 그런 방식으로 아이의 모든 움직임과 활동을 지지했고, 하고 싶은 일을 적극적으로 할 수 있는 환경 조성에 힘을 썼다.

고등학생 딸아이는 요리도 하고 싶고, 운동도 하고 싶고, 애니메이션도 하고 싶어 해서 모든 원하는 교육을 다 경험하게 해주었다. 이것 조금 저것 조금 하다가 자꾸 포기하고 갈아타는 모습이 속상하기도 했지만, 경험하지 않으면 미련으로 남을 수 있을거라고 생각했다. 남이 정해준 결정에 따르는 인생이라면, 그 인생을 온전히 즐기기 어렵지 않을까? 이런저런 시행착오를 거친 딸은 결국은 스스로 공부해서 대학에 우선 가겠다는 목표를 정하고, 엄마의 강요 없이 충실히 공부하고 있다.

팀원들도 딸과 마찬가지로 그들이 스스로 필요성을 깨닫고 결정하는 능력이 있었으면 한다. 이해하지 못한 상태에서 내가 쉽게 답을 주었을 때, 시키니깐 하겠지만 스스로 해보겠다는 동기부여를 잃을 확률이 높다. 그리고 그들을 이해시키겠다고 어떤 액션을 내가 한다면, 잔소리로 들릴 것이 분명했다.

잔소리와 피드백은 받아들이는 사람의 태도에 따라 달라질 수 있다. 아무리 좋은 이야기여도 필요성을 느끼지 못하는 사람에게 효과를 발휘하기가 무척이나 어렵다. 잔소리하다가 팀원들의 변화가 없어서 내가 스스로 속이 터지고 지쳐 나가떨어질 수도 있다.

그렇기 때문에 잔소리와 피드백 그 경계를 넘어야 했고, 그러기 위해서 팀원들이 피드백을 듣고 싶어하는 그 적당한 타이밍을 기다려야 했다. 기대치를 낮추고 성장을 기다리는 일은 분명 쉽지 않지만, 충분히 가치 있는 일이다.

워케이션과 재택근무 자율, 6시간 근무제

일이 좋을 때와 싫을 때는 언제일까?

24시간을 회사만 생각해도 행복한 지금, 하고 싶은 일을 해야만 직성이 풀리는 나를 돌아보았을 때, 가둬둔다고 더 열심히 일하는 것도 엉덩이를 붙이고 있다고 해서 업무효율이 더 좋은 것은 아니었다. 어차피 집중력은 한계가 있고 새로운 세상을 접하지 않고 몰입만 하다 보면 놓치는 것이 더 많을 수 있다.

우리 회사는 기획능력과 창의성, 직접 일을 하기보다는 현상을 관찰하고 분석할 수 있는 인재가 필요하다. 이루미들에게 협업 요청을 하고 일을 만들어 나누어줄 수 있는 능력을 갖춘 인재말이다.

사람들이 들고 날 때마다 로스가 남에도 불구하고 많은 월급을 줄 수 없는 스타트업은 어쩔 수 없이 사람 내보내고 다시 뽑는 일들을 반복하고 있다. 성장을 추구하는 일에도, 삶에도 욕심 많은 초기 멤버들을 계속 안정적으로 끌고 가고 싶어서, 워케이션과 재택근무 무제한 사용, 6시간 근무제를 실행하고 있다.

팀원의 성장 기다리기

팀원들은 내가 새로운 일을 맡길 때마다 당황해했다. 해본 적이 없다며 할 수 있을지 걱정하기도 했고, 넓어진 업무 범위가 감당하기 힘들어지자, '그건 우리가 할 일이 아니다'라고 정의하기도 했다. 그럴 때마다 할 수 있는 만큼만 해서 넘기면 마무리는 내가 하겠다고 하며 부담을 덜어주었고, 그 결과는 팀원의 성과로 인정해 주며 힘을 실어주었다. 팀원이 못하겠다고 하는 일은 굳이 하라고 하지 않았다. 하기 싫은 일을 억지로 해야만 하는 상황, 할 수 없는 일을 하는 데서 오는 스트레스로 인해 긍정 에너지가 넘쳐야 할 회사 분위기를 망치게 할 수는 없었.

쉬운 문제들을 계속 풀어가며 자신감이 붙기를 기다렸다. 주변의 대표들은 내게 어떻게 그렇게 관대할 수 있는지 묻기도 한다. 하지만 나는 관대한 것이 아니라 그들을 있는 그대로 본 것이다.

스타트업에서 사람을 구하는 것이 얼마나 힘든지 알기 때문에, 나와 함께 해준다는 것만으로 그들의 가치는 충분하다. 그리고 고맙다. 지금은 조금 부족해도 1년, 2년 뒤 회사와 함께 성장해 있을 그들을 생각해 보면 뿌듯하다.

혹자는 검은 머리 짐승은 거두는 것이 아니다, 기껏 가르쳐 놓으면 나간다고 하며 부질없다는 듯이 나에게 말하기도 했다. 하지만 나는 그들의 시행착오까지도 성장의 포인트로 느껴졌다. 그렇게 시간이 지난 후 한 팀원은 나에게 "대표님이 못 해낼 일을 시키지는 않는다는 믿음이 생겼다"고 했다.

수많은 사람을 수십 년간 만나고 관찰한 결과, 하나의 일을 습득하고 깨달으며 해결하는 데 사람마다 속도와 상황이 다 다르다는 것을 깨달았다. 이미 모든 일을 유능하게 잘하고 있으면 더 높은 연봉으로 더 좋은 조건의 자리에 있지 않을까? 때론 기다림이 필요하다.

다름을 인정하는 문화, 소통은 원래 어려운 것이라는 전제

남동생이 삼성 입사 후 워크숍을 다녀와서 이런 이야기를 했다. 자기네 반도체뿐만 아니라 보험, 영업 등 다양한 계열사 신입사원 그룹이 함께 워크숍을 했는데 신기하게도 다 비슷한 사람을 모아놓았다고 말이다. 대기업에서는 수많은 시간을 들여 그 일에 적합한 사람을 뽑는 기준을 만들어냈기 때문이지만, 스타트업에서는 똑같은 사람들이 있을 필요도 없고 있어서도 안 된다. 그렇기 때문에 나는 업무 성향이 각기 다른

광고 모델과 함께, 전혜진 대표와 이지태스크 마케팅 팀

사람들을 찾아 팀원을 구성했고, 그들의 개성이 충돌하지 않도록 "개성 강한 사람이 모인 집단이기 때문에 개개인의 특성을 인정해 주어야 한다" 라는 말을 입에 달고 살고 있다.

소통은 당연히 어려운 것이라고, 쉬웠으면 그 많은 소통하는 법에 대한 책이나 자료들의 왜 계속 나오겠냐고, 엄청난 노력이 필요한 것이라고 팀원들에게 이야기했다. 우리 팀원 정보 리스트에는 MBTI도 함께 적어 두고 있는데, 현재 21명의 MBTI를 보면 신기하게도 16개 타입 중 14개의 타입이 골고루 존재하며 세 명 이상 같은 MBTI 타입은 하나도 없고 한 명이나 두 명이 있을 뿐이다.

둘만의 소통 시간, 우리 회사의 새로운 소통문화 짝꿍 타임

사람들은 기본적으로 말이 잘 통하고 편한 사람과 이야기하기를 선호한다. 그래서 조직이 커가면서 상대방에 대한 이해의 시간은 줄어들고 비슷한 사람끼리 모여 파벌이 생기기도 한다. 마음을 모아 빠르게 일을 쳐나가야 하는 스타트업에서 편이 갈라진다면? 상상만 해도 싫다.

마케팅, 영업, 개발, 운영, CS팀이 서로 협조해야 업무가 진행되는데, 소통이 단절되면 각자 자기의 일만 하느라 바쁘고 다른 팀의 업무요청은 이해도 안 되고 귀찮기만 하다. 이런 일을 막으려면 수시로 소통하는 것이 중요하고 같은 팀뿐만 아니라 다른 팀과의 대화도 필요하다. 팀 회의의 경우 이야기하는 사람만 이야기하게 되고, 라포가 형성되지 않은 상태에서 회의는 서로의 입장차만 확인하고 아무 소득 없이 끝날 가능성이 높다.

그래서 전 팀원이 일대일로 소통하는 시간을 가졌으면 좋겠다는 생각이 들었다. 업무로 느껴지면 분명히 몇 번 하다 말 것이 분명했다. 근무 시간이 아닌, 식사하면서 친밀하게 이야기하는 시간을 가졌으면 좋겠다고 생각했다. 자율적으로 하게 되면 누군가는 비싼 거 먹느니 돈을 아끼고 싶다거나, 시간이 아깝다고 생각할 것 같았다. 어떻게 하면 둘이 대화에만 집중할 수 있을까? 고민 끝에 인당 3만 원의 비용을 회사에서 지불하고, 점심시간에 '짝꿍 타임'을 진행할 경우 여유 있게 1시간 30분의 시간을 사용하도록 했다. 맛있는 음식과 함께라면 기분 좋은 상태에서 시작하므로 상대방의 말을 경청할 만큼 마음의 여유를 가질 거로 생각했다. 팀원 열 명이 자신을 제외한 아홉 명과 식사를 하면 90회×3만 원

=270만 원의 비용이 지출되는 구조이고, 현재 열일곱 명의 정규직 직원이 열여섯 명과 식사를 하면 17×16×3만 원=816만 원의 비용이 소요된다. 전체 팀원 모두 일대일 짝꿍 타임을 마치고 나서야 다음 짝꿍 타임을 새롭게 시작하는 구조로, 맛집을 찾아다니는 재미가 꽤 쏠쏠한 모양이다. 현재 짝꿍 타임은 시즌 4를 진행 중이며, 식사로만 제한 두지 않는다. 영화를 보러 가거나 체험 활동하러 가기도 하면서, 다양한 방법으로 서로 알아갈 시간을 갖는다. 처음에는 적지 않은 비용이 아깝다는 이야기도 있었지만, 시간이 지날수록 서로에 대한 이해도가 높아지면서 지금은 충분한 가치를 발휘하고 있다. 직장 내 힘든 인간관계는 퇴사의 한 요소로 작용하기도 하는데, 짝꿍타임은 인간관계로 인한 퇴사율을 줄여주고 있다고 해도 과언이 아니다.

시스템이 일하는 회사,
이지태스크

대표가 빠져도 돌아가는 회사

'누군가 빠져도 일이 되는 회사. 시스템이 일하는 회사'

내가 꿈꾸는 회사는 시스템으로 돌아가는 회사이다. 사람을 완전히 배제할 수는 없겠지만, 그 사람이 없어서 회사가 멈추는 일은 없어야 했다. 그 사람이란 물론 나를 포함한 말이었고, 모든 일에 관여했지만 모든 일에 빠져있었다.

창업 시에는 개인의 돈이 얼마나 들어갈지 감을 잡을 수가 없었고, 투자를 언제 받을 수 있을지 확신도 없던 상황이었기 때문에 기존의 박사 과정을 마치고 하던 활동을 그대로 이어갔다. 비용을 절감하기 위해서는 내가 조금 더 시간을 내어 일을 할 수도 있었지만, 직접 일을 하는 것이 사업에 얼마나 차질을 주는지 너무나도 잘 알고 있었다.

계속해서 할 일을 만들어 내고 새로이 팀원들을 모았다. 모르는 것은 알려주기도 하고 같이 고민하기도 하면서 하나씩 세팅해 나가기 시작했다. 전체 숲을 보고 상황을 파악하는 일이 나의 일이라는 굳건한 믿음이 있었기에 항상 한 발 뒤에 빠져 있었고 크고 작은 프로젝트들을 팀원에게 위임했다. 언제 어디서든 내가 빠져도 이상이 없는 상태를 유지하고자 애썼다. 일주일, 열흘, 두 주씩 워케이션으로 자리를 비우기도 하며 시스템에 빠진 곳은 없는지 관찰하고 빠진 부분에 팀원을 채워가며 현재 20명이 넘는 팀원이 이지태스크와 함께 일하고 있다.

씨를 뿌리는 일을 게을리하지 않는 것

매출로 직결되지 않는데 박람회와 전시회 참여는 왜 할까? 서울에서만 일해도 벅찬데 지방까지 다니면서 왜 시간과 에너지를 계속 쓰는 걸까? 온라인 사업인데 지사는 왜 자꾸 늘리는 걸까? 국내도 힘든데 해외까지 지금 한다고? 매출 내는 고객에게 집중해야 할 텐데 정부 정책에는 왜 관여하는 걸까?

당장 할 일이 천지인 상황에서 자꾸 일을 만들고 있는 것에 대해 팀원들은 계속 의아해했다. "대표님, 저희 지금 일만 해도 바쁜데요!"라는 이야기도 많이 들었다. 그럴 때마다, "걱정하지 마, 내가 할 테니까!"라며 동에 번쩍, 서에 번쩍하며 움직였다.

일을 하지만 일을 하지 않는 대표라고 이야기한 것처럼, 지금 당장 회사가 돌아가는 데 있어서 직접적으로 해야 하는 일은 담당 팀원이 일을 처리하는 것이 맞다. 대표자가 직접 일하기 시작하면 전체를 볼 시간이 줄어들고 큰 그림을 놓칠 수 있기 때문이다. 하지만 대표가 꼭 해야 하는 중요한 일은 '미래가치'를 만드는 일이다. 지금의 비즈니스 구조와 시스템이 하나씩 자리 잡았을 때 그다음에 해야 할 일들을 미리 찾아두지 않는다면 제자리에 머물 수밖에 없기 때문이다.

사업이 J커브를 꺾으며 성장하기 위해서는 다방면에 다음 스텝의 가능성을 타진하고 수확할 수 있도록 씨를 뿌리는 일을 게을리하지 않는 것, 당장의 이익이 아닌 미래를 보고 움직이는 것이 대표에게 꼭 필요한 덕목이라 할 수 있겠다.

서로 돕고 도움을 받으며 성장하는 전 국민 협업플랫폼

평생 정규직이 아닌 프리랜서로 살아오면서 프로젝트를 함께한 사람들만 수백, 수천 명에 달하는 것 같다. 많은 사람을 경험하면서, 작은 파이를 가지고 싸우느라 황금알을 낳는 거위의 배를 째는 경우, 당장의 이익에 눈이 멀어 상대방에게 피해를 주는 경우도 보았다. 역량도 없으면서 자기계발은 게을리하고 자기 밥그릇을 뺏기지 않기 위해 꼼수만 쓰는 사람도 있었다. 세상은 점점 투명해지고 정보가 오픈되어 가는데 안 될 일이다.

열정페이나 거절하기 애매한 지인들의 부탁들도 이제 명확해져야 한다. 나 또한 이런저런 부탁으로 그런 애매한 일들을 많이 경험했는데, 때에 따라서는 미안하다고 밥을 사준다고 하면 일도 해주고 밥 얻어먹는 시간까지 내야 한다는 사실이 싫은 적도 있었다. 하나씩 일을 도와주다 보면 한도 끝도 없었고, 일을 맡기는 사람도 미안해하는 게 느껴졌지만 명확하게 금액을 측정하기에는 애매한 자잘한 일들도 많았기 때문이다. 이러한 불편한 경험을 하지 않고 일할 수 있는 구조를 만드는 것은 이지태스크의 중요한 역할이다. 필요할 때 떳떳이 부탁하고 여유 있을 때 도와주며 파이를 키워가는 품앗이 구조로 성장하는 '전 국민 협업플랫폼, 이지태스크'가 될 날이 머지않았다.

거리장벽을 넘는 글로벌 협업플랫폼

이 글을 쓰는 지금 나는 ODA Official Development Assistance로 엘살바도르의 취·창업생태계를 돌아보고 출발하여 LA를 경유하여 한국으로 가는 비행기 안에 있다. 엘살바도르는 대졸 신입 월급이 $300 정도로 턱없이 낮지만 게으름 없이 열심히 살려는 에너지가 느껴지는 나라다.

일자리 미스매칭, 지역 불균형 문제는 국내에 한정되지 않는다. 오프라인의 제한된 업무 시스템은 비싼 거주비를 감당해야 하는 높은 인건비로 연결되고 생산된 서비스와 제품의 물가를 올리는 악순환 구조를 만들고 있다. 기획이나 현지 상황을 적용하는 전문 인력은 오프라인으로 움직이더라도, 합리적인 비용으로 사무업무를 보조해 준다면 어떨까? 생산 단가를 낮춘다면 합리적인 가격에 제품과 서비스를 제공할 수 있고 생활비 물가를 낮추어 같은 소득으로 더 나은 삶을 영위할 수 있게 될 것이고, 소득이 부족한 저개발 국가의 생활력은 높아질 것이다.

단기적으로는 한국어를 사용하는 국내의 지역 일자리 불균형을 넘어,

외국에 있는 한국기업의 업무지원을 하여 한국 인재를 수출하는 역할을 할 것이다. 그다음 단계로는 영어, 스페인어, 일본어 등 외국어 버전을 통해 같은 언어권 국가 간의 글로벌 업무 순환을 끌어낼 것이다. 이렇게 쌓인 정보들을 표준화함으로써 장기적으로는 자동번역 시스템을 구축하여 언어장벽 없이 협업할 수 있는 구조가 될 것이라고 믿어 의심치 않는다.

멈추지 않는 치열한 고민

나는 직접 투자를 하기도 했고, 다양한 창업지원 사업의 심사위원으로 활동하면서 창업기업의 발표 자체보다는 그들이 질의응답에 어떻게 대응하는지를 보며 사업의 진행 정도나 가능성을 가늠할 수 있었다.

처음 듣는 사람도 생각할 수 있는 문제점을 생각도 안 해 본 창업자라니, 뭘 믿고 투자하고 지원해 주겠는가. 정답을 찾지 못했을 수도 있겠지만 찾으려고 노력하고 있는지는 중요한 요소이기도 하다.

그러므로 계속해서 새로운 의문을 가지고 해결하는 일을 멈추어서는 안 된다. 팀원들은 내가 고민하고 풀어야 할 숙제를 현장에서 확인해 주는 역할을 하고 있다.

스타트업은 시장에서 아직 만나지 못한 고객의 요구를 검증했을 때 비로소 빛을 발한다. 경영학을 배우고 전공한 전문가들이 알지 못하는 영역이 있다. 회계학, 인사조직, 마케팅 원론들은 이미 사업이 안정화되었을 때 필요한 전문 영역이라고 보아도 된다. 회계 처리할 돈도, 인사 관리할 팀원도, 마케팅할 제품도 없는 초기 스타트업은 다른 방식으로 접근할 수 있어야 한다. 내가 창업학 석·박사를 하며 많은 대표들을 만나며 느낀 바이다. 절대 그 어떤 이론도 100% 맞는 것이 없다.

상품을 커스터마이징하고 고객의 특성을 담을 수 있어야 한다. 삽질하는 시간을 가치만으로 버틸 수 있어야 한다. 이미 남들이 다 해놓은 고민, 시장 파이를 나눠 가져야 할 것이라는 생각들을 확장하고 J커브를 꺾기 쉽지 않다. 하지만 새로운 시장에 대한 고민, 그에 최적화된 시스템의 미래가치는 무시할 수도 없고, 무시해서도 안 된다. 이러한 고민은 어떤 상황에 놓였을 때 문제 상황을 직시할 수 있게 하고, 빠른 판단을 통해 속도를 내는 데 중요한 역할을 한다.

나의 고민은 이지태스크와 마찬가지로 1년 365일 24시간 멈추지 않는다. 시스템은 따라 만들더라도 내가 한 고민을 따라잡기는 쉽지 않을 것이라는 자신감을 가지고 오늘도 한 걸음 앞으로 나아가 본다.

스타트업 대표의
멘탈 관리법

서로 성장하는 네트워크 만드는 법

　내가 어떻게 끊임없이 성장하고 있는지, 강한 멘탈은 어떻게 유지하는지, 그 열정은 어디에서 생겨나는지 궁금해하는 사람들이 참 많다.

한 가지 팁을 공유하자면, 끊임없이 성장하기 위해서는 최적의 환경에 나 자신을 놓는 것이다. 나에게 긍정적인 자극을 주는 사람 20%, 나와 비슷한 수준의 사람 20%, 내가 도움을 줄 수 있는 사람 60% 정도가 되는 단체에 소속되는 것이다.
내 수준이 그 집단의 경제적 수준이나 체력, 학력 등 모든 것보다 월등해서 내가 더 배울것이 없다면 우월감과 자만에 빠질 수 있고, 반대로 나의 수준보다 지나치게 월등한 집단에 머물러서, 모든것을 배워야하고 잘하는 것이 없다고 느낀다면 성장동력을 잃어버리게 되어 있다.

하지만 내가 정보를 주며 도울 사람들과, 나의 부족한 점을 도움 받아서 함께 성장해나갈 사람들이 적당히 어우러져 있으면 어떨까?

자존감도 지키며 성장 가능성을 스스로 확인 할 수 있을 것이다. 그렇게 생각한 집단에서의 이상적인 포지션은 60~80% 정도이다. 나와 비슷한 중상위 집단을 60~80% 정도로 보고, 내가 배울 수 있는 20% 상위그룹, 그리고 내가 도와주고 이끌며 자존감을 단단하게 받쳐주는 응원군 60%정도가 함께 하는 것이 좋다. 만약 그 집단에서 더 이상 나의 성장에 도움을 받을 사람이 없다고 판단되면, 직접 모임을 만들어야하고 적극적으로 찾아가야한다. 사람을 찾지 못한다면 책이나 인터넷을 통한 정보를 활용할 수도 있겠다.

만약 내 주변 모두가 나보다 월등하게 성장해 있어서 따라갈 엄두가 나지 않고 모든 행동에서 자존감이 바닥을 치고 있다면 나의 도움을 필요로 하는 곳에 가야한다. 나의 정보가, 나의 행동이 고맙고 귀하다고 하는 그 곳으로 가서 다시 자존감을 회복하고 필요한 존재가 되어 다음 단계를 꿈꾸기 위한 기초체력을 다질 필요가 있다.

스타트업 2년차인 나의 기존 네트워크는 창업관계자가 많기는 하지만 교육, 컨설팅, 멘티 대표님들 모두 3년차 이내의 초기 전문가가 대다수였고, 그 중에서 Series A, Series B까지 간 대표님들은 극소수였다. 그렇다보니 내가 원하는 스타트업 성장 단계에 있는 정보를 습득하기에는 기존 네트워크로는 부족해서 석•박사를 마쳤음에도 불구하고 Comos&Be, K-IPO School, TIPS AMP, GSMP(Global Startup Mentor Program) 등의 추가 학기과정을 진행했다.

그리고 하이서울브랜드기업협회, KOITA 한국산업기술진흥협회, 대한민국 여성스타트업 포럼, 코리아 스타트업 포럼, 여성 벤처협회, 한국 여성공학기술인협회 등의 단체 활동을 통해 추가적인 네트워크를 만들어가며 인사이트를 얻고 있다.

이러한 네트워크는 당장 효과가 있는 것은 아니다. 하지만 이 속에서 내가 도울 수 있는 부분을 찾고 활동하다보면 자연스럽게 배울 점들과 내가 놓치고 있는 부분들이 보인다. 유사한 문제에 봉착한 사람들과 만났을 땐 그 문제를 함께 이야기하며 동질감을 느끼기도 하고 위로를 받기도 하며, 그런 고민을 통해 나온 다양한 의견들로 답을 찾아냈을 때는 성취감을 느끼기도 한다.

나는 적극적이지 않아서 그런 모임에 가서 한마디도 못하겠다고 생각하는 분들이 있을지도 모르겠다. 그럴 땐 그냥 자신의 성격을 이야기하고 도움을 요청하는 용기를 한번만 내주면 좋겠다. 알아서 눈치채고 도와주는 것은 힘들지만, 자신의 도움을 필요로 하는 사람을 뿌리치는 것도 힘들기 때문이다. 예비창업자도 참여가능한 대한민국 여성스타트업 포럼부터 시작해보는 것을 추천한다.

일만 잘해서는 안된다. 잘 쉬고 잘 놀고 빠르게 재충전할 수 있는 능력도 필요하기 때문에, 주변에 스트레스를 잘 해소하는 사람들도 꼭 두기를 바란다. 운동, 여행, 산책, 수다 등 자신에게 맞는 다양한 방면에서 자신과 잘 맞는 취미를 찾아내어야 한다. 혼자 즐길 수 있는 취미, 친구와 즐길 수 있는 취미, 회사에서 즐길 수 있는 소소한 프로그램 등에 대한 고민을 놓는 순간 번아웃이 올 수 있기 때문이다. 몇일 전 번아웃이 왔다는 대표와 고민 상담을 한 적이 있다. 말 그대로 자신을 다 쥐어 짜 썼기 때문이다.

처음 번아웃이 왔을 땐, 나도 당황했고 고장난 기계처럼 멈춰있을 때도 있었다. 하지만 스스로를 관찰하는 습관이 생기면 그 단계가 오기 전 눈치챌 수 있게 되고, 그럴 때는 조금 강도를 낮춰 가벼운 일을 하면서 재충전하는 시간을 갖는다. 에너지의 60~80%를 유지하는 것도 갑작스러운 방전을 막는 데 중요한 역할을 한다.

나 자신을 성장하는 환경에 놓자. 도움을 주고받으며 함께 성장하고, 일의 완급조절을 잘하는 게 지치지 않고 오래가는 비결이다.

여성 창업가의 성장을 응원합니다!

02

단순한 아이디어로
여성의 일상을
혁신하는

나비앤코

박현영 대표

나비앤코는 두께 1mm의 평면형 브래지어 제조 특허를 바탕으로 여성의 스트레스 감소와 혈액순환 건강을 위한 브래지어를 개발하였습니다. 이어 제작 과정을 T.P.O 기반으로 일대일 맞춤 즉석 제조 시스템으로 고도화함으로써 버려지는 의류와 과다한 물류비용 문제를 해결하고자 합니다.
또한 브래지어를 전 세계 여성의 체형과 환경에 맞춤 착용하는 패션 아이템으로서의 브래지어로 패러다임을 바꾸고자 합니다. 우리는 피부 접착식 제품 개발로 착용자의 일상이 편해지는 놀라운 경험을 지속해서 제공할 것이며, 그 과정에서 축적된 데이터를 활용하여 스포츠 및 패션 브랜드와 콜라보할 비즈니스 모델을 갖고 있습니다.

작지만 강한 혁신
평면형 브래지어

메디실리, 탁월한 접착력으로 알려지다

"대표님, 브래지어 접착력으로 니플패치는 안 만드세요?"

느닷없이 2년 만에 거래처 담당자에게 전화가 왔다. 의료용 실리콘으로 만든 평면형 브래지어의 남다른 접착력을 잘 아는 사람이었다. 교류가 없던 2년 사이에 한 회사의 대표가 되어 있었다. 클라이언트가 고급스러우면서도 강력한 접착력의 니플패치를 찾고 있는데, 메디실리가 생각났다는 것이었다.

메디실리(MEDISILI) = 메디컬(MEDICAL) + 실리콘(SILICON)

나비앤코의 브랜드인 '메디실리'는 이름에서 짐작하듯이 의료용 실리콘의 합성어이다. 의료용 등급의 실리콘을 사용하기 때문에 피부 자극이 거의 없고, 다른 실리콘에 비해 합성물이 없어 유연하기 때문에 피부 접착력이 뛰어나다.

'고급스럽고 강력한 접착력 하면, 이제 메디실리를 떠올리는구나.'

감사했다. 바로 미팅 일정을 잡고 빠르게 일을 진행했다. 나중에 알고 보니 대한민국 국민이라면 누구나 알만한 연예인과 함께하는 프로젝트였다. 드디어 우리 브랜드의 강점을 보다 많은 사람들에게 알릴 절호의 찬스가 온 것이다.

그 길로 짐 싸서 제조공장에서 숙식하며 시제품을 만들어 올리고, 여러 번의 테스트를 반복하며 남성 니플패치 개발에 몰두했다. 남성 니플패치도 우리의 기존 제품 '평면형 브래지어'의 접착력을 베이스로 붙였다 떼는 과정에서 아프지 않다는 점과 세척해서 여러 번 반복 사용할 수 있는 메디실리 소재의 강점을 살려 개발했다. 결국 이 프로젝트를 두고 타 회사와의 경쟁 끝에 메디실리 제품이 선택되었고, 우여곡절 끝에 무사히 론칭일에 맞추어 제품을 공급했다.

니플패치 제작은 처음이라 롤러코스터를 탄 듯한 석 달을 보냈지만, 메디실리 글자가 새겨진 제품이 네이버 쇼핑 라이브에서 단 한 시간 만에 완판이 되는 걸 보고 큰 보람을 느꼈다. 이제 곧 올리브영 매장에도 메디실리 제품이 진열된다.

나무를 보지 않고 숲을 보려고 노력하며 제품 하나하나의 매출보다는 브랜드 홍보에 더 집중한 나비앤코의 비즈니스 플랜대로, '메디실리'의 아이덴티티를 인정받고 한발 나아간다.

우당탕탕 첫 창업

첫 직업이 중견기업 임원 비서였음에도 회사 경영에 관심이 없었다. 잘 갖추어진 시스템 속 일원이었기 때문에, 회사는 저절로 돌아가는 줄로만 알았다.

OA를 잘 다루었기에 결혼 후에도 쉽게 직장을 구할 수 있었다. 벤처 열풍이 불었던 1997년 테헤란로의 IT회사에서 근무하던 중 홈쇼핑이라는 유통 채널을 접했다. 그때 MD$_{\text{Merchandiser 상품기획자}}$라는 직업을 알게 되었고, 상품을 기획하는 일이 그 어떤 일보다 흥미로워 보여서 부서 이동을 요청했다. 그렇게 MD가 되어 지금까지 13년 동안 여섯 개의 히트 상품을 만들었고, 브랜드 미용실 정기구독권과 같은 남들이 쉽게 생각하지 못하는 무형 상품도 기획을 해보았다. 새벽 첫 타임부터 당일 마지막 방송까지 하루 두 번씩 생방송을 진행하면서 하루 7억 원의 매출을 올리기도 하고, 생방송 도중 준비한 수량이 매진되어 방송을 조기 종료하기도 하면서 상품기획자로서의 기쁨과 보람을 경험했다. 이 정도의 경험과 식지 않는 열정이라면, 창업해도 좋겠다고 생각했다. 생각났을 때 바로 행동으로 옮기는 성격이기에 첫 번째 회사를 자신감 하나만으로 설립했다.

하지만 사업은 결이 달랐다. 근본적인 목표가 달랐다. 제품이 얼마나 획기적인지보다 한정된 자원 내에서 결과를 만들어야만 했고, 실패할 경우 그 리스크가 오롯이 내 몫으로 돌아왔다. 이러한 제한이 회사 생활과는 확연히 다름을 피부로 느꼈다.

완성도 높은 제품 만들기에만 몰두할 수 없었다. 손과 발이 되어줄 팀이 없었기에 돌발 상황이 벌어지면 문제 해결하는 데 시간을 쓰느라 론칭 절차가 뒤죽박죽되었고, 혼자 모든 일을 해내는 것이 벅차서 늘 머리가 무거웠다. 한 달 동안 회사를 유지하는데 드는 지출에 비해 결과가 미미해서 회사 운영이 힘들어졌다. 결국 신상품 출시를 포기한 채 청사진을 뒤로 하고 첫 창업 일 년 만에 폐업했다.

펀딩 811% 달성 성공, 매직브라의 탄생

지난 10여 년간 상품기획 업무를 하면서 주변에서 불편하다고 툭 던지는 한마디에 귀 기울이는 직업병이 생겼다. 귀담아듣고 있다가 여러 사람으로부터 같은 문제가 반복되면 상품개발에 들어갔다. 이렇게 무형의 생각을 유형의 상품으로 시각화하는 게 내 사업의 진입구이다.

나비앤코의 첫 번째 아이템의 스토리는 이렇다. 대부분의 여성은 브래지어가 답답하다고 느끼면서도 관습상 착용한다. 그 사실을 막연히 인지하고 있다가, 불특정 다수를 상대로 인터뷰를 시도했다. 40명의 여성을 대상으로 브래지어에 관한 생각을 설문한 결과, '압박이 싫다'는 의견이 97%였다. '압박 없는 브래지어'의 시장 규모가 크다는 걸 알 수 있었다.

시장 규모가 크니 내 비즈니스 파이도 크겠구나…!! 특히 피봇팅Pivoting*이 필수인 초기 개발 단계에서, 디벨롭할 수 있는 범위도 다양하기에 적은 리스크와 큰 시장의 기회가 열려있다는 확신을 가지고 나비앤코의 비즈니스 모델을 수립했다.

압박 없는 브래지어를 만들기로 했다. 우선 소재 개발에 심혈을 기울여 매력적인 원단을 개발했는데, 이걸로 브래지어를 만들고 보니 아주 특이했다. 이 특이하고도 특별한 상품의 주변 반응이 궁금했고, 내 가설과 제품을 검증하기 위해 더 많은 피드백이 필요했다.

끈도 몰드도 뒷면도 없는 낯선 형태의, 평면형 브래지어 '매직브라'. 정식 출시 전에 객관적인 반응을 알아보기 위해 펀딩 사이트에 올렸는데 꽤 반응이 뜨거웠다. 3주라는 짧은 기간에 목표금액 대비 811% 초과하는 펀딩 결과와 추가 개발 제안까지 받으며 성공적으로 마무리된 것이다. 많은 여성이 브래지어의 불편함을 해결하고자 하는 나의 아이디어에 적극 공감하고 있다는 것을 확인했다. 이어 '국제여성 발명품경진대회'에 출전했는데, 사흘간 전 세계 여성들에게 관심을 받으며 뉴스와 블로그에 홍보되었고, 경진대회에서 은상을 수상하면서 제품이 널리 알려지는 좋은 기회가 되었다. 이를 계기로 자신감을 얻어 제품을 제조하는 데 박차를 가했다.

피봇팅Pivoting 기존 사업 아이템을 포기하고 외부환경 변화에 맞춰 방향 전환에 나서는 것

즉석 제작 가능한 '평면형 브래지어'

문제를 인식하고 분석해 보니, 100년 동안 으레 당연하다고 여겨져 왔던 A, B, C, D사이즈로 규격화된 몰드 브래지어 시장에서는 브래지어가 몸에 맞지 않는다는 여성이 85%, 대다수였다. 여성들은 몸에 잘 맞는 브래지어를 원하고 있지만, 맞춤 브래지어는 가격이 비싸고 제작 시간이 오래 걸려서 평범한 체형의 여성은 맞춤 브래지어를 시도조차 하지 않는다. 몸에 맞지 않는 불편함을 감수하고, 아쉬운 대로 쉽게 구매할 수 있는 중저가 기성 브래지어를 대부분 착용하고 있었다.

우리는 두께 1mm 원단의 장점을 살려 즉석에서 만들어 주문 후 10분 만에 발송할 수 있는 즉석 제작 맞춤형 브래지어 생산 시스템을 갖추고자 한다. 마치 돈을 넣으면 그 자리에서 인쇄되는 즉석 스티커 사진처럼 말이다.

기존의 맞춤 제작의 시스템 안에서는 '즉석 제작'은 상상조차 하지 못할 것이다. 주문 후 10분 만에 제작해서 당일 발송이라니…. 오직 '평면형 브래지어'만이 가능한 일이다. 사람들의 흥미를 유발하고 이슈가 될 수 있을 것 같다. 상상 속 일이 아니라는 걸 증명하기 위해서는 즉석에서 다양한 체형과 요구에 커스터마이징Customizing 하기위한 디자인 데이터가 필요했다. 여성의 가슴 형태와 상체 움직임에 따른 가슴의 동적 변화를 연구한 서울대 대학원 의류학 박사로부터 자문을 구하고, 애슬레저룩 패션디자이너에게 디자인을 맡겨 인체공학적인 브래지어 디자인 데이터를 구축하고 고객과 소통 할 수 있는 작은 시스템을 갖추었다.

이처럼 '평면형 브래지어'는 평면 원단에 원하는 디자인대로 커팅함으로써 봉제가 필요 없고, 빠르며 간단한 제작이 강점이다. 커팅 후에 일대일 맞춤 색상과 패턴을 후(後) 인쇄할 수 있는 커스터마이징 제작 또한 다른 서비스에서 찾아볼 수 없었던 신개념이다.

'우리 제품의 이런 강점을 어떻게 극대화할 수 있을까?'

고민 끝에 즉석 제작 플랫폼을 개발하기로 했다. 일대일 맞춤 브래지어를 선 주문 후 제작하는데, 즉석에서 만들어 당일 발송하는 시스템은 패션 업계의 숙원인 재고 문제 또한 해결할 수 있을 거라 기대한다. 그뿐만 아니라 그 과정에서 빅데이터가 구축됨으로써 나비앤코의 지속 가능한 비즈니스 모델이 될 것이다.

'최초'를 '최고'로,
창업 3년차 데스밸리에서 하고 있는 것들

두 번째 창업이며 현재 운영 중인 '나비앤코'는 '최초'를 '최고로'가 모토이다.

사람들의 니즈를 발견하고 그 니즈를 충족시키는 제품과 서비스를 연구해서, 익숙해질 때까지 사용하게 만드는 것이 목표이다.

최초는 모든 것이 어렵다. 신생아가 자라면서 고개를 가누고, 뒤집고 기고 넘어지며 걸음을 떼는 데 시간이 걸리듯이, 모든 것이 처음일 때는 힘든 게 당연하다. 하지만 몸에 익으면 걷고 바로 뛰기도 한다.

최초가 최고가 되는 건 지리멸렬한 힘든 과정이다. 이 과정을 극복하느냐 포기하느냐의 기로가 항상 모두를 괴롭힌다. 이 구간을 버텨내고 J커브를 이루어 낼 것인지, 지혜롭게 J커브 상승곡선을 타거나, 그렇지 못하면 포기하게 된다. 수치상으로 J커브를 이루어 내는 스타트업은 불과 20% 밖에 되지 않는다고 한다. 또한 중소벤처부에서 제공한 스타트업 5년 동안의 생존율을 살펴보니, 여성 기업이 남성 기업보다 생존율이 낮다. 그 원인 중 하나는, 여성기업은 대부분 '생계형 창업'이 많기 때문이라고 하는데, 생계형 창업의 반대는 '혁신형 창업'이다. 이 혁신형 창업은 우리가 흔히 머릿속에 떠올리는 스타트업, 즉 어떠한 문제를 해결하기 위한 혁신적인 아이디어나 기술을 보유하고 있는 기업을 말한다. 나비앤코는 1인 창업기업이지만 기술로 브래지어의 패러다임을 바꾸고

데스밸리곡선 Death Valley Curve 스타트업이 사업을 시작했으나 아직 수익을 창출하지 못하는 구간을 말하는데, 자금 조달이나 판로를 확보하지 못해 존폐의 위험에 시달리는 기간으로 보통 창업 후 3~6년 정도를 말한다.

자 하는 혁신형 스타트업에 속한다. 제조 스타트업의 특성상 기술개발을 위한 초기 자금이 많이 투입되었고, 초기 매출이나 수익이 적어 안정적인 경영이 쉽지 않았다. 우리 회사는 현재 *'데스밸리 곡선Death Valley Curve'에 자리 잡고 있다고 본다. 이 구간을 극복하고자 투자를 준비하고 제품 라인업으로 평면형 브래지어의 존재를 더 알리면서 확장하려고 한다. 어려울 때일수록 움츠리지 않고 머리와 가슴을 쭉 피고 앞으로 전진하는 길을 선택했다.

나의 롤모델, 나의 비전

내 사업의 롤모델은 온라인 맞춤 속옷 시장을 연 '트루앤코True & Co' 대표 '미쉘람'이다. 창업 5년 차의 소규모 스타트업이 캘빈클라인, 타미힐피거 등 세계적 브랜드를 보유한 거대 패션 그룹 PVH사와 합병한 회사의 대표다. 거대한 그룹으로부터 러브콜을 받는 작은 회사, 트루앤코.

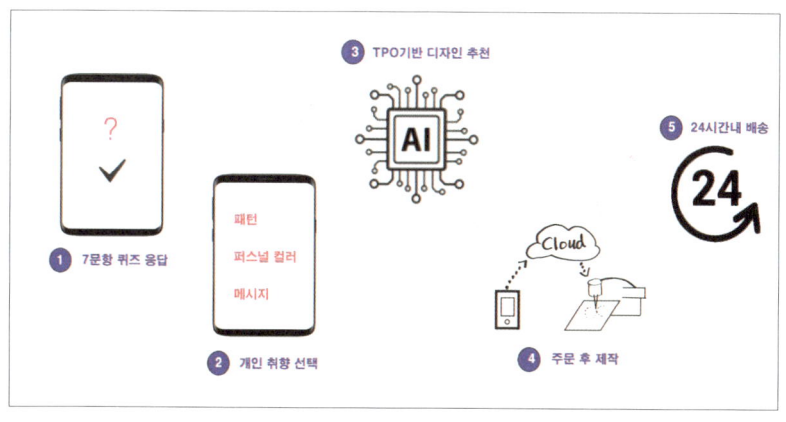

즉석 제조 당일배송 맞춤브라 제조 시스템

내 사업의 롤 모델이다. 트루앤코는 1억 3천만 여성의 가슴 형태를 데이터화했고, 여성의 가슴 모양을 6,000여 가지로 나눠 제품을 카테고리화하면서 인지도를 넓혔다.

나비앤코도 데이터 근거로 신뢰를 쌓으려고 한다. 초기 타겟을 체형이 변하기 시작하는 30대 여성으로 포커싱해서 그들에게 속옷의 편안함을 건강과 연결해서 맞춤 속옷의 필요성을 어필하며 진입하고, 편안함을 알게 된 고객을 확보하는 전략을 사용할 것이다.

브래지어 구매 시, 체형과 언제 입을지를 입력하면 AI가 즉석에서 브래지어 디자인을 추천해 주고, 그렇게 나만을 위해 제작된 브래지어를 착용하고 움직일 때 몸의 편안함과 활동의 자유로움을 느끼게 될 것이다. 호기심이 생길법한 이 새로운 브래지어 주문 방식을 부담 없는 가격으로 허들을 낮추고, 자주 홈페이지를 방문하는 과정에서 축적된 데이터를 카테고리화해서 큐레이션과 정기구독 시스템으로 연결하는 문화를 만들어 브래지어의 패러다임을 바꾸고 싶다.

미국의 트루앤코가 데이터 기반의 온라인 속옷 시장을 열었다면, 한국의 나비앤코는 온라인 즉석 제조 속옷 시장을 평면형 브래지어 특허를 기반으로 열고 싶다. 트루앤코의 설문식 주문 방법을 적용한 국내 기업도 있다. 퀴즈 형식의 설문을 통해 체형을 물어보고 맞춤 브래지어를 추천하는 웹사이트이다. 나비앤코도 유사한 소스 배경으로 웹사이트를 개발했다.

경쟁사를 벤치마킹 Benchmarking 한 후 즉시 제작과 당일 발송 시스템을 추가한 주문 시스템을 테스트하고 있다. 즉석 제작은 오직 평면형 브래지어라서 가능하기에 디자인 데이터를 전송해서 즉석 컷팅이 가능한 제조 시설을 갖추어 완성할 계획이다.

이렇게 나비앤코는 '평면형 브래지어'라는 새로운 카테고리를 생성하고자 한다. 이 목표는 작지만 혁신이다. 주문과 함께 제작해서 당일 발송하는 맞춤 브래지어는 아직 세상에 없다.

여성발명왕EXPO에서 은상을 수상하다 (2019)

도전에 도전을 거듭하다

나이 50에 대학원생이 되었다

이 글을 쓰고 있는 현재, 나는 대학원 4학차 학생이다. 곧 졸업이다. 2년 전 이맘때까지만 해도 이 날이 올거라는 생각을 못했었다.

'지금도 이렇게 바쁜데, 새로운 공부까지 할 시간이 있을까? 살림 경험 없는 남편과 아들만 둘인 우리 집은 어떻게 되려나? 대학생 자녀가 둘인 부모로서 내 학비까지 지불해야 한다니 부담스러운데….'

고민이 많았지만, 나는 50세에 대학원생이 되었다. 스스로의 한계를 규정하지 않고 나 스스로를 틀에 가두고 싶지 않아 도전을 결심했다.

20, 30대 친구들과 팀 과제를 진행하면서 격세지감을 느꼈다. 큰아들과

동갑인 친구도 있으니 당연히 그렇지 않겠는가. 하지만 나이를 앞세운 어색함 보다는 서로에게 도움을 주는 유익함이 더 컸다.

창업학 석사학위를 공부하는 동안 수백 명의 사람들을 만나서 네트워킹 하면서 회사의 현재를 점검했고 중장기 로드맵을 세워나갔다. 논문을 쓰면서 미심쩍은 의문이 해결될 때까지 파고드는 걸 즐기는 나의 모습을 보며 나 자신에게서 상품개발자의 근성이 있음을 다시 한 번 확인하는 시간이 되었고 자신감도 생겼다. 또 한편으로는, 획기적인 상품을 만들려는 내 욕망을 채우는데 에너지를 다 쏟고 제품만 보고 달렸던 지난 시간을 경영자로서 반성하며 지금은 그렇지 않은지 점검하기도 했다. 무엇보다 선택의 갈림길에서 빠르고 올바른 결정을 내리기 위해 공부했다. 석사 논문 졸업을 선택했다. 조금 쉽게 시험으로 졸업할까 하다가 또 고생길을 선택했다. 말미에 하필 바쁜 일이 겹쳐서 순간 후회도 했지만, 때마침 통계학을 수강 중인 대학생 아들의 도움을 받아 다행히 결론을 도출할 수 있었다. 마지막 단계에서는 '논문 읽는 게 토할 것 같다'는 내 말에 신랑이 오탈자 검수를 해주어서 깔끔하게 논문을 완성했다. 얼마 전에는 지도교수님의 도움으로 내 논문이 KCI에 등재되었고, 벤처창업학회 추계 학술대회에서 우수 논문상으로 선정되어 수상도 했다. 석사 논문으로 누릴 수 있는 많은 부분을 경험했다. 사업계획서를 연구한 내 논문이 공식적으로 검증되었으니 회사 운영은 물론 가끔 하는 강의에도 큰 도움이 될 것 같다.

나의 도전은 계속된다. 나의 사업도 마찬가지다. 이러한 도전들이 쉽지만은 않지만 나는 그걸 하나하나 해내고 있다.

CEO다워지는 연습

무엇보다 론칭이 어렵다는 것을 제조업에 종사한 경험이 있는 분들은 공감할 것이다. 결과물만을 보면 쉽게 느껴질 수도 있지만, 그 과정은 보기보다 몇 배 이상의 공수가 든다.

그런데도 나는 항상 신상품을 끊임없이 생각하고 만든다. 그 무엇보다 새로운 상품이나 서비스를 개발하는 것이 즐겁고, 내가 만든 상품을 경험하는 사람들의 반응이 궁금하다. 나는 천상 기획자이다.

반면 '내가 사업가가 맞나?'라는 질문을 스스로 던질 때, 아니라는 생각에 이르게 되면 혼란스럽다. 나는 기획자가 더 잘 맞는 사람이지만, 스타트업을 선택한 이상 'CEO다워져야' 한다. 흥미 넘치는 일과 사업의 결이 다름을 알면서도 사업을 선택했으니, 후회 없는 선택이 되기 위해 계속 배우고 네트워킹하면서 고군분투하고 있다. 하지만 전략대로 일이 잘 풀리지 않을 때 또다시 문제에 매몰되어 코앞의 문제만 해결하려고 애쓰는 나를 보면서, CEO보다는 기획자 기질이 더 강하다는 걸 느낀다. 나는 문제를 빠르게 해결하기 전에 원인을 찾는데 시간을 많이 쓰고, 원인 해결이 안 되면 다른 일이 손에 잡히지 않는 성격이다. 하지만 지금은 그런 성격을 극복하고 멀티플레이어가 되어가고 있다. 나를 잘 알고 내 상황을 잘 이해하는 남편과 자주 터놓고 이야기하는데, 남편은 나를 나무라기도 하고 달래기도 하다가 결국 '고생이 많다'는 격려로 마무리한다. 그는 내가 CEO의 역량이 부족해서 남보다 배로 노력하고 있음을 잘 안다. 그리고 잘 해낼 거라는 응원을 한결같이 보내주고 있다.

가장 어려운 건 팀 빌딩

스타트업 대표로서 가장 어려웠던 건 초기 팀 구성이었다. 혼자 OEM 개발부터 마케팅까지 다 하고 있었지만, 좋은 방법이 아니라는 걸 잘 알고 있다. 하지만 인건비 예산이 부족했다. 닭이 먼저인지 알이 먼저인지…. 조직이 있어야 비즈니스가 될 텐데 그 조직을 구성할 예산이 부족하니 진퇴양난의 처지이다. 나뿐 아니라 거의 모든 스타트업 CEO의 고민일 것이며, 이 문제를 어떻게 해결했는지 많이 궁금해할 것이다.

나는 이렇게 해결하는 중이다. 사람 '박현영'이 상품이 되어 진정성을 어필하고 있다. 내가 지금까지 해왔던 노력과 결과물을 어필하고, 계획 중인 비즈니스와 비전을 제시해서 공감을 형성했다. 그렇게 스케일업 전략을 제안해 주고 해결 방법을 도와주는 멘토, 내 손이 되어 함께 밤을 새워주고 있는 브랜드 디렉터, 그리고 어려울 때마다 경제적인 도움을 주고 있는 투자자와 지분을 나누고 회사를 함께 키우기로 했다. 그렇게 기술, 경영, 마케팅, 재무 분야에 도움을 받아 장전했다. 팀이 생기니 의견이 다양해지고 다방면의 계획을 세울 수 있다. 지금은 그들과 함께 로드맵대로 심호흡하며 나아갈 수 있도록 힘들 때 소주 한잔 함께 기울이기도 하고, 운영위원회라고 명명해서 한 달에 한 번 정기적으로 만나 웃고 울고 으쌰 으쌰 하며 관계를 두텁게 하고 있다. 초기 스타트업은 사람이 제일 중요함을 실감하고 있다. 시간이 들더라도 사람에 공들이기로 했다.

자연스럽게 옥석이 가려진다

대학 시스템 중에서 마음에 드는 커리큘럼이 있다. 바로 '자유학기제'이다. 이 시간을 주는 이유 중 하나는 전공을 선택하기 전에 자기 탐색을 먼저 하라는 것이다. 나비앤코도 이런 방식을 기반으로 신규직원을 채용하려고 한다. 특별한 자격이 있어야 하는 업무가 아닌 이상, 입사 초기에는 업무분장 없이 회사의 여러 분야의 일을 경험해 봄으로써 모든 직원이 회사 일의 전반적인 흐름을 알게 할 예정이다. 시간이 조금 더 걸리겠지만 창업 초기에 시스템을 갖추는 것이 중·장기적으로 보았을 때 더 중요하다고 생각한다. 사람이 자산이 되는 스타트업이기 때문에 그렇다.

'불광불급'不狂不及라는 말이 있다. 미치지(狂) 않으면 미치지(及) 못한다는 뜻이다. 반대로 미치지 않으면 미칠(도달할) 수 없다. 우리 회사의 인재상은 이렇게 함께 도달하기를 도전하는 사람이다. 구성원이 되기 위해 봄·여름·가을·겨울을 지내는 시간이 필요하고, 희·노·애·락의 상황이 필요하다. 그러다 보면 자연스럽게 옥석이 가려진다.

시스템을 만들기 위한 스타트업 대표의 몫

내가 자는 동안에도 기업이 유기적으로 돌아갈 수 있도록 시스템을 만드는 게 나의 임무이다. 혼자 다 할 수도 있지만, 지금처럼 혼자 모든 일을 감당해도 안된다는 걸 알고 있다.

이론으로는 알아도 직원과 서로 핏fit을 맞춰 시스템을 키우는 데까지 시간과 자금이 필요하다. 그 환경을 제공하는게 스타트업 대표 몫이리라.

스타트업 대표에게는 조건을 따지기보다 묵묵히 뜻을 함께하는 지인이나 팀원같은 지원군이 창업초기에 있어야 한다고 생각한다. 그러기 위해 창업가에게는 소통하는 능력, 비전을 세우고 선도하는 인내심, 힘들고 고된 환경에도 무너지지 않는 의지, 목표를 향해 승부를 거는 도전의식과 같은 기업가 정신이 필요하다.

기록, 교육, 공부 나의 세 가지 루틴

나 혼자 너무 많은 일을 감당하다 보니 공부보다 숙제를 잘하려고 끙끙거리고 있었다. 스타트업 대표는 어떤 문제를 해결하기 위해 방법을 제시하는 사람이지, 직접 문제를 해결하는 사람이 아닌데도 말이다. 시시각각 단기적인 시선에서 문제를 풀고 있으면, 내가 지금 어디에 있고 무엇을 하는지 감지가 될까? 주어진 숙제만 하지 말고 총체적인 공부를 잘했으면 좋겠다.

스타트업 대표는 할 일이 참 많다. 상품 및 서비스 개발, 영업, 재무관리, 인사관리는 물론이고 마케팅조차 흐름을 알고 분석할 줄 알아야 한다. 나는 이 방대한 일을 매일 기록한다. 중·장기적, 단기적인 일을 마인드맵에 꼬리표로 메모하고, 수시로 미팅 전 주요 안건을 적어놓고 미팅 도중 체크하며, 미팅이 끝나면 잠시 자리에 앉아 회의한 내용을 정리한다.

미팅이 끝나고 돌아오는 차 안에서 출발 전에 정리하는 날도 많다. 별것 아닌 루틴 같지만, 업무 완성도 측면에서 차이가 있다. 효과적이다.

그리고 또 한 가지는 교육받고 공부하는 일이 끊이지 않도록 노력 중이다. 다행히 요즘에는 교육받을 수 있는 채널이 매우 다양하다. 접근이 쉬운 유튜브부터 네트워킹이 가능한 오프라인 교육까지 많이 오픈되어 있다. 무엇보다 제일 중요한 일은 틈틈이 읽는 책에서 얻는 인사이트이다. 책이 주는 효과를 잘 알기에 '하루에 30초 책 읽기' 약속을 스스로 했다. 30초 읽기를 위해 책을 펴면 최소 30분은 읽게 된다. 이 습관이 쌓여 한 달에 한 권 정도는 책을 읽는 것 같다. 기록, 교육, 공부(독서). 이 세 가지 생활루틴을 실행하는 동안 나도 모르는 사이 성장 중이다. 일의 중요도와 순서를 결정하고, 트렌드를 분석하며 중·장기 로드맵을 계획할 때 직관이 생기고, 내 생각에 확신이 생기면서 자신감도 강해지고 있다.

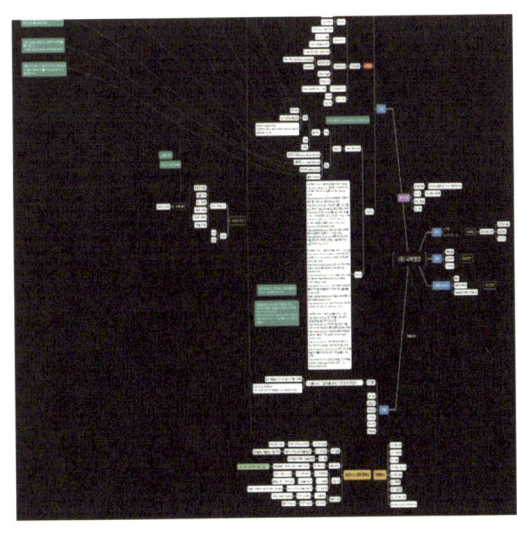

마인드맵을 통해 수시로 계획을 점검한다.

아이디어를 기술로 풀어 제품으로 만드는 과정

고객의 의심을 확신으로 바꾸는 법

처음으로 편한 브래지어를 만들기 시작했을 때이다. 압박하는 요소를 제거하려고 우선 몰드를 빼내고, 살을 누르는 어깨끈을 없애고 울퉁불퉁한 후크도 과감하게 뺐다. 그랬더니 종이 한장의 얇은 평면 브래지어가 만들어졌다. 나도 처음 보는 형태의 브래지어였다. 우리가 흔히 알고 있던 입체형 브래지어가 아니었다. 고심 끝에 시제품을 완성했다.

사람들의 첫 번째 반응은, '이 종이 한 장 같은 브래지어가 과연 제대로 된 기능을 할까?'였다. 아무리 평면형 브래지어라고 말해도, 브래지어라고 말하기에는 얇은 종이 같았기에, 많은 사람의 의구심을 풀어주기에는 역부족이었다. 그렇다면 백문불여일견百聞不如一見. '믿음을 보여줘야

겠구나' 라고 생각하고 예전 홈쇼핑 방송 때 시연하던 경험을 떠올려 볼링공을 들어 올려 지탱하기도 하고, 물을 뿌리고 팔을 흔들어 물속에서도 떨어지지 않을 정도라는 걸 시각적으로 표현했다. 역시 백번의 말보다 효과적이었다. 고객들은 짧은 영상으로 금방 이해했고, 바로 주문으로 이어졌다.

두 번째 반응은, 피부 자극이었다. 유사 제품인 실리콘 브래지어의 가장 실망스러운 점이 피부 자극이었기 때문이다. 공신력 있는 피부 자극 테스트 기관에 의뢰해서 피시험자 20명을 대상으로 30일 동안 피부 자극 테스트를 진행했다. 모집부터 결과까지 6주간 진행되는 동안 나 역시 결과가 궁금했는데, 결과는 완벽했다.

'자극도 0.00 수치'. 즉 무자극 결과가 나왔다.

'어린 청소년한테도 추천할 수 있겠구나.'
'메디실리 브랜드 가치를 더 높일 수 있겠구나.'

객관적인 시험 결과가 나오고 보니 내 제품에 대한 자신감에 확신까지 더해졌다.

니즈를 해결할 아이디어를 기술로 풀어 제품으로

니즈Needs를 아이디어로 연결하고, 아이디어를 기술로 풀어 제품으로 완성한다.

지난 13년 동안 니즈 찾는 일을 해 왔기 때문에 나에게 니즈를 발견하는 건 일상이나 다름없다. 발견한 니즈를 아이디어로 연결하는 과정이 가장 어려운데, 나는 이미 온전하게 완성된 제품을 찾기보다 미완성된 제품으로 고객에게 우선 다가가서 피드백을 듣고 완성도를 높여 새로운 제품으로 발전시킨다. 아이디어를 많이 리스트 업하는 게 아니라, 하나의 아이디어를 구체적으로 파헤친다. 거기에 창업학에서 배운 디자인 씽킹Design Thinking을 적용해서 니즈에 공감하고 이를 해결할 아이디어가 그려지면 프로토타입을 최대한 빠르게 만들어 주변에 테스트하고 피드백을 받아서 또다시 수정하기를 반복한다.

나비앤코의 첫 번째 프로젝트인 '평면형 브래지어'의 경우, 몸의 편안함을 위해 노No 라인, 노No 훅, 노No 몰드 브래지어를 만들었는데, 브래지어의 형태를 본 사람들의 대부분이 누브라를 이야기했다. 그래서 '누브라의 단점을 보완한 제품'으로 우리 상품을 간단하게 설명할 수 있었다. 나는 처음에 평면 원단 위에 아이디어를 그려 넣은 새로운 제품으로만 생각해서, 누브라와 매칭할 생각을 못 했는데, 테스트 과정에서 제품의 포지셔닝을 *세그먼트Segment한 좋은 과정이었다. 전 세계 누브라 시장이 연 9조 원을 넘는 대규모 시장이기에 벤치마킹하기에도 적당하다고 판단했다. 그렇게 누브라를 사용해 본 30대 여성들을 상대로 펀딩에 성공하였고 시제품을 만들어 판매하면서 고객에게 또 피드백을 들었다. 그 피드백을 반영한 제품을 두 번 더 출시했다. 피봇 과정에서 가장 중요시했던 점은, 우리 제품만의 특성을 더 강조할 수 있는 제품으로 라인업 한 점이다.

세그먼트Segment 마케팅 영역에서의 세그먼트는 일반적으로 정량화할 수 있는 같은 속성을 공유하는 그룹을 의미함

그때부터 우리는 철저히 누브라와의 차별화를 꾀했고 더 이상 누브라를 함께 언급하지 않았다.

그 후로 우리는 브래지어의 컬러를 사후에 인쇄하는 시스템과 체형과 착용 목적에 따라 주문 후 즉시 제작해서 평판 커팅하는 맞춤 브래지어 당일 발송 시스템까지 개발중이다.

디자인 씽킹과 PMF

본인 체형을 가장 잘 아는 자신이 브래지어를 '직접' 디자인하는 시스템이 매력적일 것이라고 생각했다. 하지만 실제로 설문조사를 해보니 브래지어는 본인이 만드는 것보다 전문가가 만들어 주는 것을 더 선호한다는 것을 알게 되었다.

역시 *디자인 씽킹 Design thinking 과정 중에서 '공감하기' 단계가 가장 어렵다. 노력하지 않으면 잘 안되는 부분인게, 자꾸 내 아이디어를 어필하려고 해서 날것의 데이터를 얻지 못할 때가 많았기 때문이다. 정제된 데이터는 나에게 만족스럽지만, 시장에서 결국 리스크가 되어 돌아온다. 그래서, 제품 제작에 가장 중요한 포인트는 PMF Product Market Fit, 제품 시장 적합성 과정이다. 내가 아닌 고객이 가장 필요로 하는 기준을 가지고 고객과 공감한 다음, PMF 과정을 거쳐 생산한다. 각*이터레이션 Iteration 마다 이 프로세스를 적용한다. 그렇게 받은 피드백을 반영하고 다시 연구해

디자인 씽킹 Design Thinking 사용자의 니즈를 이해하고 이를 해결할 수 있는 기회를 찾아내기 위해공감적 태도를 활용하는 일종의 논리 추론적 접근

이터레이션 Iteration 결과를 생성하기위한 프로세스의 반복

서 일 년에 한 번씩 제품을 발전시켰다. PMF 과정에서도 문제를 해결해주는 브래지어의 핏fit과 가치를 전달해 주는 핏fit의 우선순위를 고민했는데, 그때는 트렌드와 제품의 수명 중에 더 지속할 수 있는 가치를 우선하여 선택했다.

피보팅과 포지셔닝

역시 제작자가 자신 없는 부분은 고객 반응에서 가차 없이 드러난다. 처음 1인 스타트업으로서 시작할 때, 내가 할 수 있는 분야는 해보자는 생각에 제품의 디자인까지 직접 했었다. 와이어브라, 브라렛, 실리콘브라, 스포츠브라, 니플패치, 코르셋까지 30여 개의 브래지어 종류를 수집해서 디자인을 분석하고 벤치마킹한 결과를 A4용지에 스케치했다. 스케치한 그림을 바로 제품으로 만들었는데, 이는 봉제하지 않은 평면형 브래지어라 가능했다.

MD시절의 경험을 믿고 만든 브래지어를 다양한 체형의 지인을 통해 테스트하고 피드백을 반영한 시제품을 만들어 스마트스토어에서 판매하기 시작했다. 역시 불특정 다수의 다양한 체형과 날카로운 반응에서 디자인의 비전문성이 드러났다.

결국, 언더웨어 전문 디자이너와 계약하여 신규 디자인 10종을 추가했다. 그리고 고객의 불만만을 해결하는 소극적인 반응이 아닌 고객의 적극적인 만족을 끌어내기 위해 다양한 색상과 패턴으로 발전시켜 고객 범위를 넓혔다. 처음엔 40대가 주 고객이었는데 점점 20, 30대 연령의 고객층으로 넓어졌다. 그러면서 20, 30대 고객의 새로운 니즈를 듣게 되었고, 그들의 니즈를 반영한 제품으로 현재도 피보팅 중이다. 의류학 박사와 함께 동작 범위에 따라 근육의 이동을 파악하여 인체공학적인 디자인을 염두에 두고, 운동 할 때 자연스러운 스윙 동작이 편한 브래지어를 제작하고자 한다. 브래지어의 패러다임을 '피로와 스트레스를 줄이는 제품'으로 바꾸고 새로운 카테고리를 만들고자 했던 사업 목표를 향해서 전진하고 있다.

개발 당시 고민이 가장 많았던 부분이 바로 포지셔닝이었다. 편한 속옷 붐이 불면서, 편한 브래지어의 생산과 판매가 한 해에 40%까지 성장했는데 이와 함께 오랜 시간 동안 볼륨 브래지어에 익숙해 있던 고객의 볼륨 니즈도 높아졌다.

브래지어를 선택할 때 편함이냐, 볼륨이냐 두 가지 중의 하나만 선택할 수밖에 없던 소비자의 고민 틈새에 제품을 차별화하고, 소기업과 대기업 사이에서 아이디어라는 가치를 더해서 대기업이 실행하기 어려운 '퍼스널 맞춤, 빠른 생산시스템'이라는 아이덴티티를 다음 성장단계 목표로 포지셔닝하고 있다.

같은 상품을 다양한 스토리로 테스트

같은 상품인데 정반대의 고객층에게 수요를 파악할 때도 있다. '평면형 브래지어'는 스판력과 접착력이 뛰어나서 가슴의 볼륨을 최대한 모을 수도 있고 끈과 훅 없이 편안하게 유지하기도 한다. 이 두 가지 니즈 중 고객의 어떤 수요가 큰지 파악하기 위해 같은 상품을 두 개의 스토리로 다양한 연령대에 배포해 보았다. 고객 반응에 따라 브랜드를 하나 더 만드는 전략을 세우는 것도 방법이라고 판단했다. 이렇게 다양한 고객과 소통하고 그들의 데이터를 활용하여 자유롭게 시도할 수 있다는 점이 제조업의 매력이다.

지금처럼 두 가지 니즈가 모두 비중이 클 때는 한 번에 출시하지 않고 시기를 조절하여 론칭하기도 한다. 시점과 트렌드를 예민하게 분석해서 타겟을 선정한 후, 고객에게 줄 수 있는 높은 가치를 만든 다음 컨셉을 기획한다. 그래서, 고객에게 더 큰 가치를 전달하기 위해 시너지를 일으킨 스토리끼리 그룹화하여 론칭한다.

우리의 두 번째 신작 '힐링핏브라'는 몸이 편하면서 볼륨을 잡아주기 때문에 더운 여름에 간편하고 편안한 착용감을 제공할 수 있고, 세 번째 론칭할 예정인 '커브라'는 고객의 탄력니즈를 담아 탄력 니즈가 강한 가을에 론칭할 계획이다.

1~4세대 평면형 브래지어 디벨롭 과정

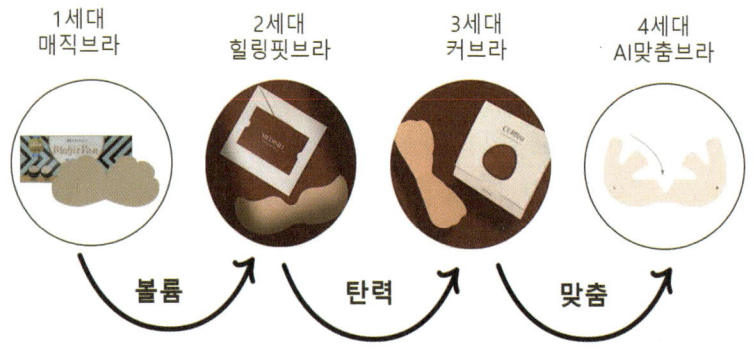

린 스타트업

이렇게 나는 창업학을 공부하며 배운 대로 린 스타트업Lean Startup을 수행하고 있다. 최종 목표까지 가는 길은 여러 갈래일 것이다. 예상하지 못한 변수에 따라, 또 내가 선택하는 길에 따라 여정이 달라지고 모양도 변하겠지만 정상을 향해서 나아가고 있다.

'평면형 브래지어' 특허를 중심으로 100년간 변하지 않았던 브래지어의 패러다임을 바꾸고자 하는 사업 목표를 향해서 전진하고 있다. 리스크를 최소화하기 위해 린 스타트업 전략을 활용하고 내 아이디어로 만든 제품이 고객과 핏fit이 맞는지 테스트하면서 외형적인 변화를 주고 있다.

전략만으로는 사람들이 호응할지 안 할지 모른다. 특히 요즘같이 트렌드 변화 주기가 짧은 세상에는 더욱 그렇다. 창업이나 아이템의 론칭을 고민하고 있다면, 모든 것을 갖추고 시작하려 하지 말고 하나라도 우선 시작하고 후에 보완하는 린 스타트업 방식을 추천한다.

우리의 주 고객
정확하게 분석하기

→

내 아이디어에 대한 믿음

사업을 하면서 '이것만은 꼭 하겠다'고 생각하는 미션이 있다면, 브래지어의 패러다임을 바꾸는 일이다. 나는 내 아이디어가 '혁신'이 될 것이라는 믿음이 있다.

150년간 브래지어는 다양한 형태로 변화했다. 하지만 브래지어는 벗어버리고 싶은 존재라는 사실은 여전히 변하지 않고 있다. 그 역사 속에서 내가 하고 싶은 일은, 브래지어를 떠올릴 때 압박과 자국, 거북함과 답답함이 아닌 '편안함', '활동의 자유로움', '부착형', '교체형'이라는 것을 연상시키게 만드는 것이다. 브래지어는 불편하기만 하다는 편견을 벗어나 마스크팩처럼 미용 효과를 기대하는 새로운 개념도 더하고 싶다. 이처럼 새로운 속옷 개념의 카테고리로 시장을 열 것이다. 이것은 작지만 혁신이다.

'평면형 브래지어'는 제품의 라인 업 요소가 다양하고 폭이 넓어서 성장 가능성이 무궁무진하다. 또한 '브래지어'라는 카테고리 뿐만 아니라 몸을 편안하게 하면서 스트레스가 감소하는 '힐링웨어'로서 파생할 수 있는 분야가 넓기에 혁신이 될 것이라 확신한다.

특히 편한 속옷 시장은 2017년부터 해마다 30% 이상씩 성장하고 있고, 2027년에는 전 세계 팸테크 시장 규모가 80조 이상으로 예상하는 거대한 시장이기에 혁신의 가능성을 더한다.

헬시 플레저, 스트레스가 줄어드는 브래지어

편한 속옷 따로, 예쁜 속옷 따로 있다고 한다. 주변에 물어보니 편한 속옷이 5개라면 예쁜 속옷은 2개 정도 가지고 있다. 이렇게 편한 속옷 시장이 더 크고, 속옷의 편안함은 건강과 직결된다. 평면형 브래지어는 끈, 후크, 몰드가 없어서 몸을 압박하지 않기 때문에 몸을 편하게 하고 혈액순환이 원활하게 한다.

최근에 일반 브래지어와 우리 제품인 평면형 브래지어를 착용했을 때의 '스트레스 지수 테스트'를 했다.

결과적으로, 평면형 브래지어를 착용했을 때 '스트레스를 감소시키며, 정서적 안정에 도움이 된다'는 결과가 나왔다. 지금까지 속옷 기업 중에 '스트레스 수치'를 테스트한 기업은 없었다. 브래지어 시장에서 우리 회사가 처음 시도한 테스트일 것이다. 나비앤코의 신제품 '힐링핏브라'는

'스트레스를 감소하고 정서적 안정을 주는 브래지어'라는 객관적 테스트 결과를 가진 최초의 브래지어일 것이다.

건강이 중요하지 않았던 적은 없었지만, 코로나19 이후 건강은 모두에게 최우선적인 화두이다. 그러다 보니 예전처럼 어르신들만 건강을 챙기는 게 아니라 젊은 세대들도 필수적으로 건강을 챙긴다. 이렇게 건강관리가 대중화되다 보니 소비자들은 건강관리도 더 쉽게 하고 싶어 한다. 즉 헬시 플레저Healthy Pleasure, 《트렌드 코리아 2022》에 언급된 개념이다. 이른바, 건강관리를 별도의 노력 없이 일상생활 속에서 자연스럽고 편하고 즐겁게 해야 한다는 개념이다. 우리의 '평면형 브래지어'는 이 개념에 부합된다. 매일 입는 브래지어를 편한 것으로 바꾸었을 뿐인데 건강관리와 위생관리, 또 핏까지 예뻐진다.

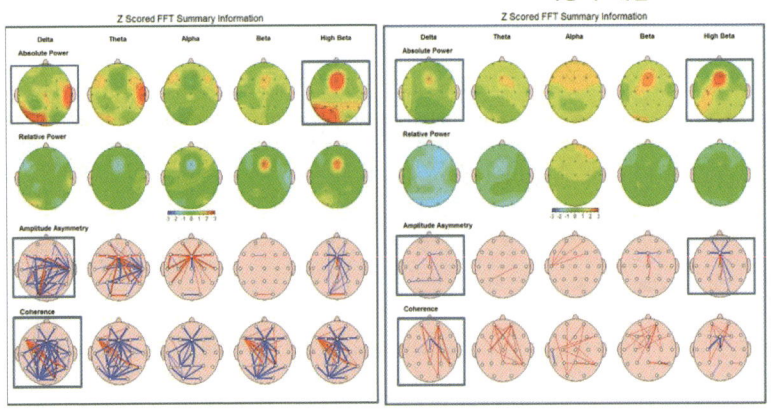

일반 브래지어 vs 평면형 브래지어 착용시 스트레스 변화를 테스트 하기 위해 뇌파 촬영을 하였다. 결과적으로 평면형 브래지어 착용시, 스트레스를 감소시키고 정서적 안정에 도움이 된다는 결론이 도출되었다.

타겟 고객 선정 이유와 근거

 브래지어의 끈과 누르는 훅, 몰드의 민감도가 가장 높은 여성을 찾았다. 외부 활동이 많은 여성, 그 중 불편한 브래지어 착용 경험이 오래되어 여러 브랜드의 브래지어를 구매해 본 30대 이후의 여성에게 집중했다. 그러다 보니 30대 이상의 여성들은 물리적으로 체형이 급격히 변한다는 사실도 알게 되었다.

첫 번째 페르소나는 사회 활동을 하는 30대 여성으로 선정했다. 페르소나를 선정하고 나니 마케팅과 판매할 채널이 따라왔다. 바로 인스타그램과 블로그, 라이브커머스였다. 30대이지만 20대 같은 인플루언서가 운영하는 인스타그램을 통해 마케팅과 공동구매를 하였고, 블로그에 올린 체험 글이 포털 사이트에 검색되도록 했다. 3년이 지난 지금도 이 두 채널의 효과를 보고 있다. 셀럽의 채널에서 만난 고객의 재구매가 자사몰로 이어졌고, 블로그 조회 수가 누적되고 있다.

우리의 고객, 바디 포지티브를 지향하는 여성

 미국에서부터 '바디 포지티브Body Positive' 바람이 불어왔다. 국내에는 2017년 쯤 확산이 시작되었는데, 확산 속도가 매우 가파르다. 강남, 신촌과 해운대에서 요가복을 입고 외출하는 여성들이 쟁점이 된 지 얼마 지나지 않아서 곧 일상적인 패션이 되었고, 자기 몸을 긍정적으로 받아들여 남의 시선보다 '나의 편안함이 우선인 마인드'가 밀레니얼 세대에서 당연시되었다.

평면형 브래지어를 기획할 당시 뉴욕의 패션 정보를 배경으로 로드맵을 그렸지만, 국내 트렌드의 확산 속도가 이렇게 빠를 거라고는 예상하지 못했다. 가속도를 붙여야 했다.

세대를 불문하고 우리 제품을 이용하면서 가장 만족해하는 고객은, 남에게 보이는 것 보다 자신의 만족이 우선인 바디 포지티브인 여성, 건강이나 웰빙을 중요시하는 여성, 미니멀 라이프를 실천하며 힐링하고 편안한 패션 트렌드를 즐기는 여성, 가끔은 가슴의 볼륨과 옷맵시에 대한 관심이 있는 여성이라 할 수 있겠다.

몸이 편한 브래지어를 첫 번째 컨셉으로 개발하였지만, 제품의 스판력으로 수영복과 웨딩촬영 때 사용한 고객의 만족도가 꽤 높은 것을 분석해서 얻은 결과이다.

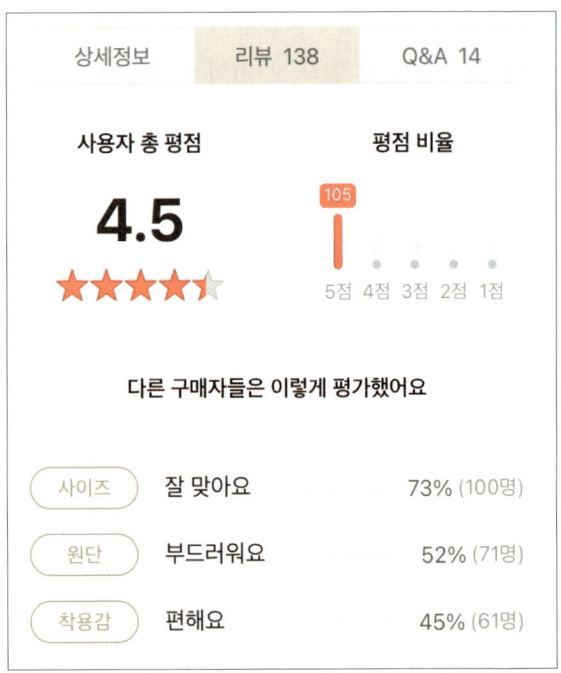

고객 만족도가 높은 스마트 스토어 리뷰

이제는 비교가 아닌 차별성

과거에는 'A가 B보다 좋다'라고 비교했다. 더 가볍고, 더 크고, 저렴한 가격 등이 마케팅 포인트 중 하나였지만 지금은 아니다. 2019년 출시한 매직브라의 슬로건이 '더 얇고 더 가볍게'였다. 하지만 이제 '다르다'는 차별성이 더 중요해졌다.

비교의 대상이 남이 아니라 '나'인 것이다. 내가 느끼기에 '이런 게 다르다' 또는 이런 느낌 때문에 '어떤 게 달라졌다' 처럼 비교의 표현을 일인칭이 느끼는 가치의 차이로 어필했을 때 고객과 소통하는 관계가 된다. 이전보다 가치 요소를 찾는 게 중요해졌다. 그래서 리뉴얼한 힐링핏브라 슬로건을 '스트레스가 달라지는'으로 정했다.

뿐만 아니라, 결과를 예측하는 범위도 달라졌다. 과거에는 '인지도가 이 정도인 모델과 얼마의 예산으로, 이 정도 제품력을 지녔으면 이 정도 시장점유율이 가능할 거야'를 예측할 수 있었는데, 이젠 이렇게 뻔한 코스로 예측했다가는 실패하는 광고가 생기고 만다. 아랍에미레이트 항공사 광고의 경우, 비싼 광고료를 준 할리우드 스타의 광고보다 무명인이 체험한 시승기 광고의 효과가 훨씬 더 컸다고 한다. 소비자의 관점이 바뀌었고, 소비자의 감동 포인트가 바뀌었음을 알 수 있다.

가치 쇼핑, 스트레스가 줄어드는 브래지어

'가치쇼핑'

우리 신제품 '힐링핏브라'의 전략이다. 우리 제품을 평가하는 의견 중에, 비싸다는 의견이 왕왕 있다. 3~5회 정도 사용하는 사이클로

매직브라에 고객요청을 더해서
디벨롭한 2세대 평면형 브래지어,
<힐링핏브라>

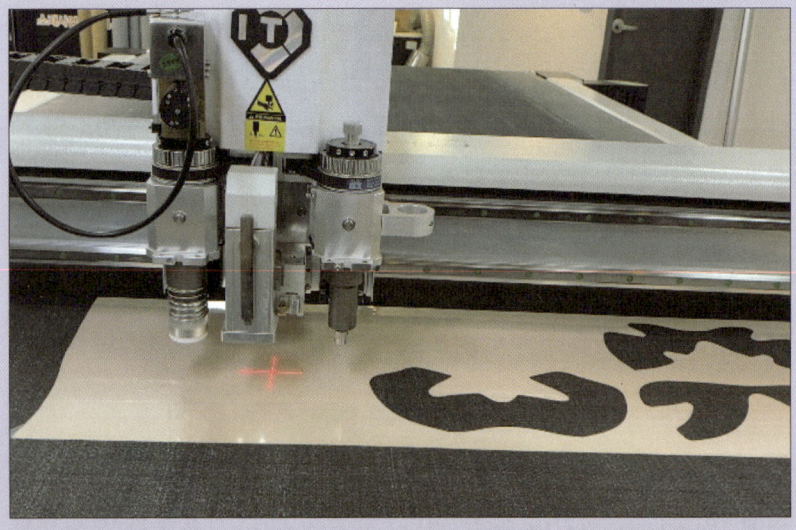

평면형 브래지어 제작 시간은 단 10초의 시간밖에 들지 않는다. 사진은 평판 커팅 하는 모습

우리의 주 고객 정확하게 분석하기

'13,000원'이라는 가격이 비싸다고 한다. 하지만 이미 알려진 정품 누브라의 경우 평균 25회 정도 사용할 수 있으며, 가격이 5~11만 원 정도이니까 사용횟수로 계산해 보면 1회 사용 시 힐링핏브라는 2,600원, 정품 누브라는 2,000~4,400원이다. 이렇게 설명하면 '힐링핏브라'는 절대 비싸지 않다는 것을 알 수 있다. 1회 사용으로 얻게 되는 스트레스 해소와 자기만족은 금액으로 환산할 수 없는 새로운 경험이기 때문에 더 그렇다. 개인마다 스트레스 정도가 다르기 때문에 힐링이 되는 가치는 금액으로 환산하기 어렵다. 어떤 제품이든 개인마다 느끼는 정도가 다르기 마련이지만, 우린 막연한 느낌이 아니라 수치로 검증했다. 앞서 언급한 브래지어 착용 시의 '스트레스 지수 테스트'를 한 것이다. 테스트 결과, 우리는 스트레스 수치가 감소했음을 눈으로 확인했다. 그런데도 사용 기간에 비해 가격이 비싸다는 고객 의견도 있었고, 정반대로 필요하니까 전혀 비싸지 않다는 의견과 무조건 구매해서 착용해 보고 싶다는 의견도 있었다. 가격도 상대적이지만 우리는 다양한 고객 의견과 시장 조사를 분석하여 힐링핏브라의 가격을 결정했다.

우리의 타겟 세대 분석

1인 창업기업의 아이디어와 넉넉하지 못한 사업운영비로 시작하는 소규모 기업이 전략적 열위라는 사실은 누구나 알고 있다. 자사 브랜드인 메디실리 역시 브랜드 파워가 없는 데다가 마케팅 예산 부족으로 광고를 충분히 할 수 없는 실정이다.

그나마 다행인 건 우리가 설정한 페르소나인 30대 여성이 M세대로서

챗봇 대화형 주문 시스템

브랜드 명성보다 친구의 리뷰를 더 믿고 마케팅에 직접 참여하는 소비층이라는 거다. 우리는 이들을 감동시키는 것이 우리가 할 일이라는 결론을 내렸다.

M세대(1980~1990년대 초중반)의 소비 가치가 달라졌다. 그들은 남에게 보여주는 것보다 나 스스로의 만족이 중요한 세대이다. 이들의 구매력이 점점 더 커질 것이라는 게 우리에겐 기회다.

우리의 최종 개발 목표는

브래지어는 대부분 스스로 구매한다. 온라인 몰의 구매 분석 결과 브래지어는 심야 시간에 구매력이 높음을 확인했다. 혼자 심야 시간에 웹으로 쇼핑하는 고객의 마음에 공감하여, 24시간 인공지능 챗봇 대화형 주문 시스템으로 사이즈와 디자인 선택을 돕도록 하고자 한다.

이 시스템은 이미 경쟁회사에서 시행 중인데, 비슷한 시기에 같은 생각을 하고 있다는 건 앞으로 유사한 방식으로 흐를 것이라는 암시이기도 하다.

하지만 우리의 차별성은 주문 이후의 시스템에 있다. 이미 만들어진 재고 상품에서 출고하는 게 아니라 주문 후 제조해서 당일 발송하는 시스템이라는 데 있다. 이와 같은 방식의 제작 맞춤이 하루 만에 완성되어 발송까지 가능한 브래지어는 아직 없다. 오직 평면형 브래지어이기 때문에 가능한 일이다.

고객은 맞춤 브래지어를 빨리 입어볼 수 있다는 매력에 흥미를 느끼게 될 것이라 예상한다. 처음에는 호기심에 구매해 볼 수 있지만, 맞춤 조건을 다르게 해서 선택할 때마다 새로운 브래지어 디자인을 착용해 본 이후에는 제품에 대한 만족으로 이어질 것이라고 예상한다. 각각의 데이터를 라벨링해서 빅데이터를 보유하게 되면 더 정밀한 대화 챗봇으로 고객에게 보답할 수 있을 것이라 기대한다. 현재 일대일 맞춤 브래지어는 고가이며 오랜 제작 시간으로 소수의 여성만 이용하기 때문에 대중성이 어려워 보이지만, 우리 회사의 프로세스 혁신이 있으면 가능하다. 다수의 여성이 일대일 맞춤 브래지어를 쉽고 빠르게 이용하고 착용할 수 있다. 산업 측면에서 보면 섬유, 봉제의 전통 산업도 IT 혁신으로 새로운 돌파구를 찾을 수 있게 되는 의미가 더해진다.

B2C와 B2B, 우리의 골대 M&A

*B2C~Business to Customer~는 구독 시스템에 집중할 계획이다. 신규고객은 1주일 체험 후 무상 환불제도로 가입 허들을 낮추고, 기존 고객은 익월 결제 시기에 전월에 사용한 제품을 리사이클 용도로 반납하게 하여 보상판매 하는 시스템으로 고객 이탈을 방지할 계획이다. 리사이클은 우리 모두의 임무이자 전 세계가 노력해야 하는 중대한 일이기도 하다.

중간에 이탈한 고객에게는 신규 멤버십 혜택이 없는 대신 멤버십 금액으로 재 구독할 수 있도록 배려하여 퍼스널 감동 요소를 제공할 계획이다. 신규고객보다 기존 고객을 유지하는 일, 이탈한 고객을 다시 부르는 일에 더 노력할 것이다. 이미 가입한 고객의 데이터를 잘 활용해서 큐레이션 하는 방식으로 고객에게 가치를 제공하는 일이 가장 중요하다고 생각한다.

나비앤코는 빅데이터가 자산인 기업이 목표이다. 제품이 아니라 브랜드를 만들고자 한다. 제조는 데이터베이스에 선 주문 후 제작하는 시스템인 퍼스널 제조와 이를 브랜딩하고, 판매는 협력사의 판매를 돕는 데 집중해서 본사의 역할을 할 계획이다. 즉, 나비앤코의 향후 비즈니스 모델은 B2C보다 *B2B에 주력해서 제조업으로서의 수익모델을 발전시키고, 맞춤 브래지어 제조 시스템을 통해 빅데이터를 구축하는 일에 집중할 계획이다. 이 과정에서 새로운 브래지어 카테고리를 만들고, 그렇게 3년

B2C~Business to Customer~ 제품이나 서비스를 직접 사용하는 소비자에게 판매가 이루어지는 영업방식
B2B~Business to Business~ 기업간의 거래를 위한 영업방식

후 쯤이면 평면형 브래지어를 입어 본 여성들의 입소문으로 브래지어의 패러다임이 바뀌는 페달에 오르는 걸 상상해 본다.

현재 우리는 평면형 브래지어 특허 기반으로 만든 제품과, 그 브랜드인 메디실리를 홍보하는 일에 집중하고 있다. 우리의 비즈니스 골대는 M&A Mergers and Acquisitions이기 때문이다.

롤모델은 단연코 '트루앤코'이다. 우리는 평면형 브래지어의 원조 깃발을 꽂을 것이다. 현재 온라인과 오프라인 채널을 통해 B2C 판매를 하고 있고, 카테고리 생성을 위해 대기업 레포츠 브랜드와 ODM 제조 및 협업을 추진 중이다.

나비앤코의 비즈니스 모델

포기하지 않으면 반드시 기회는 온다

남성 니플패치로 나비앤코의 첫 ODM 제조가 시작되었다. 우리 회사는 처음부터 비즈니스 모델을 B2B와 ODM에 비중을 두었기 때문에, 매출보다는 브랜딩에 집중했다. 라이브커머스 할 때도 판매보다는 브랜드 홍보에 초점을 두었다.

서두에 나비앤코는 데스밸리에 위치해 있다는 이유가 여기에 있는데, 책을 마무리하는 지금 기회가 온 것 같다. 니플패치 ODM 제조를 필두로 힐링핏브라와 커브라를 글로벌 레포츠 브랜드와 협업하여 ODM 제조하는 것을 논의 중이다. 나의 제품에 확신을 갖고, 나무가 아닌 숲을 보며 버틴 보람일 것이다.

'성공'을 언급할 때 흔히 언급되는 그림인데, 성공하는 사람은 보물을 발견할 때까지 포기하지 않고 끝까지 판다. 그러나 실패하는 사람은 보물을 발견하지 못하고 포기하고 만다. 어떤 사람은 한 발 앞에 보물이 있음에도 바로 직전에 포기하고 만다. 성공과 실패는 끝까지 버티느냐 포기하느냐에 달려있다. 물이 끓어오르는 100도가 되기까지, 단 1도가 모자란 99도에서 멈추면 안 될 것이다.

자신의 제품 혹은 아이템에 확신이 있다면, 절대 포기하지 말고 버티라고 말씀드리고 싶다. 포기하지 않으면 기회는 반드시 온다.

브라 계의 잡스

올해로, 상품기획 업무 13년차이다. 고객의 니즈를 발견해서 상품으로 만들어내는 노하우와 인프라가 그 누구보다도 우수하다고 자부한다.

브랜드 커뮤니티 유튜브 방송 출연

하나의 아이디어를 횡적으로 펼치기보다 종적으로 파고들어서, '평면형 브래지어 제조', 이 한 건의 특허로 만들어 볼 수 있는 다양한 제품과 시스템을 만들고 싶다.

상품개발자에게 재미란, 개발한 상품을 고객에게 테스트했을 때, 기획대로 고객과 핏이 맞는 순간이다. 심지어 '만들어줘서 고맙다'라는 인사를 들었을 때 가장 흥분된다. 더불어 본인의 고민을 이야기하며 해결할 수 있는 제품을 만들어 달라는 부탁을 받았을 때, 커피 100잔을 마신 것처럼 머리가 맑아지고 눈이 반짝반짝 빛난다. 불편을 해소하고, 그럼으로써 생활이 달라지고, 미래가 바뀌는 제품을 연구하고 개발하는 것이 나의 업(業)이다.

나비앤코는 아이디어 제품으로 세상에 선한 영향력을 전달하는 회사이다. 꽃에 생명을 전달하는 나비처럼 나비앤코는 잠들어 있는 생각을 제품으로 만들어 사람들에게 영향력을 끼치는 일을 할 것이다. 이렇게 방향을 정하고 나니, '최초를 최고로 만들겠다'는 목표가 생겼다. 이를 위해서 횡적보다 종적으로 깊이 있는 브랜딩이 우선인 전략을 세운다. 확산 속도가 늦더라도 하나의 특허에 대한 깊은 브랜딩을 우선 고집하고 있다.

나는 마케팅 전문가는 아니지만, 기억하게 만드는 것이 브랜딩이라고 생각한다. 평면형 브래지어를 브랜딩하고 브래지어의 패러다임을 바꾸는 것이 우리의 미션이다. 이러한 우리의 의도가 사람들에게 어떤 기억을 남기는지, 우리의 스토리를 사람들이 어떻게 기억하는지가 미션의 결과일 것이다.

피부에 안전하고 신뢰하는 '명품 접착력' 하면 '메디실리'를 떠올리고 '박현영'을 찾게 하고 싶다. 브라 계의 잡스가 되기를 소망한다.

유리천장은
없다

가족이 스타트업하겠다고 한다면?

대학원 1학기 때 기업가정신과 창업 과목 첫 시간에 교수님이 전체 학생을 상대로 질문을 하셨다.

"내 가족이 스타트업 대표를 하겠다고 하면 추천하겠습니까? 아니면 말리겠습니까?"

학생들의 4분의 3은 추천하겠다, 4분의 1은 말리겠다였다. 나 역시 '추천하겠다'라고 대답했었다. 그러나 2년이 지난 지금 내 생각은 '무조건 추천하지 않을 것이다'로 바뀌었다. 만약 가족이 스타트업 대표가 된다고 한다면, 얼마나 치열하게 고민했는지 확인할 것이고, 왜 하필 스타트업인지, 무엇을 위해 하는지, 롤모델은 있는지, 이루고 싶은 게 무엇인지 확인할 것이다. 내 질문에 흔들리지 않고 대답하는지, 일관적인지를 살필 것이다.

만약에 스타트업하겠다는 이유가 아이디어를 실현하기 위해서라고 대답한다면, 아이디어가 실현되면 무엇이 어떻게 바뀌는지를 꼬리에 꼬리를 물고 질문을 계속 던질 것이다. 언제까지? '돈을 벌기 위해서'라는 대답이 나올 때까지!

이 부분은 나 또한 최근에 절실하게 느낀 살아있는 조언이다. 나 역시 새로운 제품을 세상에 알리는 데 3년을 보냈고, 돈을 벌기 위한 전략을 이제서야 세웠기 때문이다.

비즈니스 골대가 있는가

무엇을 위해 사업하는 거냐고 질문을 받는다면 '돈을 벌기 위해서'라고 바로 답할 수 있는가?

간혹 수익에 관심이 없다면서 일을 하는 게 목적이라거나, 사회적으로 선한 영향력을 끼치는 게 목적이라고 답하는 창업가도 있다. 이제 나는 그건 사업이 아니라 취미생활이나 봉사활동이라고 생각한다. 괜히 허울 좋은 내 취미생활이나 봉사활동에 주변 사람들 고생시키지 말라고 말해주고 싶다.

사업에는 명확한 골대Goal post가 필요하다. 축구 경기에 골대가 없다고 생각해 보라. 골대가 없으니 방향을 못 잡고 힘은 더 들지 않겠는가? 우리가 알고 있는 사회적기업과 사회공헌 비즈니스도 사회문제 해결을 통해 발생한 수익을 사회로 환원하는 방식이다. 수익이 있어야 지속해 존재할 수 있다.

'무하마드 유누스Muhammad Yunus'가 설립한 방글라데시의 은행 그라민 뱅크. 고리대금업자의 횡포에 시달리던 신용불량자에게 대환대출해 주고 원금과 이자를 회수한 은행이다. 빈민구제 목적으로 설립해서 소셜 비즈니스가 되었으며, 회수율 99%의 성공적인 모델로 임팩트 비즈니스의 예시가 되었다. 높은 회수율로 수익이 발생하였기에 임팩트 비즈니스의 성공 사례가 된 것이다.

어떤 일을 결정할 때의 가장 중요한 기준, 'Why'

어떤 일을 결정할 때 가장 중요시하는 건 'Why?'이다. 왜 하는지에 대한 대답이 명확해지면 그때서야 결정을 하고, 결정 후에 'What'의 단계로 넘어간다.

가정에서 아이들한테도 '왜 하는지' 물어보고 소신이 있으면 아이들의 뜻을 지원해 주는 편이다. 그렇게 아들 둘의 대학 입시도 왜 대학에 가려고 하는지를 우선 고민해서 학과를 결정하고 그 후에 성적에 맞는 학교를 찾아갔다. 큰아들은 고1 때부터 생명과학과를 희망하더니 지금은 항암제를 연구하는 랩에서 즐겁게 공부 중이고, 작은아들은 빠른 취업을 원하더니 대기업 취업률이 높은 대학의 공과에 입학했다.

일도 그렇다. 평면형 브래지어도 'Why?'에서 시작했다. 압박이 심하고 불편한 브래지어를 '빨리 벗어버리고 싶었기 때문에', 마치 브래지어를 '안 입은 것 같은 착각이 들 정도로 편한' 평면형 브래지어를 만들었다.

만약 브래지어를 기존 형식보다 잘 만들고자 했다면 브래지어의 일반적인 패러다임을 벗어나는 데 오래 걸렸을 것이고, 어쩌면 평면형 브래지어는 탄생하지 못했을지도 모른다.

고정관념을 버리고 효율적으로

창업가의 구분을 여성과 남성으로 나누는 것은 중요한 게 아니라는 생각이 든다. 누구든 가장 잘 할 수 있는 일을 선택하다 보니, 여성 창업가와 남성 창업가 각자가 주로 분포된 산업 분야로 구분되어 진다고 생각한다. 나 역시 그렇다. MD라는 직업을 13년간 해 오면서 자꾸 내가 잘 아는 여성의 니즈를 해결하는 상품개발에 관심이 더 가고, 한두 개씩 제품으로 만들다 보니 어느새 여성을 위한 제품을 더 잘 만들고 있었다.

또한 일과 가족의 균형 유지 책임이 여성에게 더 많고, 중요한 쟁점이 된다고 생각하는 사람들이 많은데, 이 역시 여성이든 남성이든 더 잘 할 수 있는 사람이 더 많은 역할을 하면 된다고 생각한다.

지인 중에 IR 피칭 컨설팅 회사의 여성 대표가 있는데, 그녀의 경우 남편이 육아를 책임지기로 했다고 한다. 그녀는 임신 기간 중 사업계획을 짜고 출산 100일 만에 창업하여 활발하게 회사를 성장시키고 있다. 주양육자인 남편은 비록 퇴사했지만, 남편 본인도 양가 부모님들도 만족한다고 한다. 이렇듯, 고정관념에 얽매이지 말고 더 잘할 수 있는 사람이 하는 게 효율적이다.

내 아이들이 7살, 10살 때의 일이다. 아이들을 돌봐 주시는 이모님이 계셨는데, 이모님은 내가 퇴근 후 집에 와서 살림하느라 힘들 것이라며 반찬이라도 해놓으시겠다고 하셨지만, 난 처음부터 가사 도움 요청을 일절 하지 않는 대신에 전적인 아이들 케어에 집중할 것을 부탁했다. 그랬더니 이모님께서 야쿠르트 한 병 먹은 시간과 브랜드까지 메모해 주셨다. 친정엄마는 살림까지 부탁하면 네가 편하지 않겠냐고 몇 번 말씀 하셨지만, 난 아이들에 대한 일말의 걱정 없이 업무에 집중할 수 있다는 것에 가치를 두었다. 서로 잘하는 일에 집중해서 시너지를 낸 소중한 인연이었다.

4살 차이 대구 남자

현풍시장 수구레국밥을 좋아하는 남자. 중 2 때 인천으로 전학해 온 이후 쭉 수도권에서 살고 있지만 아직도 '히야'(형을 부르는 호칭으로 경상북도 방언)를 고치지 않는 고집 있는 남자가 바로 나의 남편이다. 나 역시 한 고집 했으니, 고집 센 20대 두 사람이 결혼하면서 신혼 초에 우당탕탕, 좌충우돌, 엉망진창이었다. 식성도 정 반대여서 치킨을 먹으면 나는 순살을, 남편은 닭껍질을 먹고, 횟집을 찾으면 나는 회가 신선하고 맛있는 집을, 남편은 상차림이 풍성한 횟집을 찾았다. 어느 날 남편이, 부부가 되었으니 '서로를 동등하게 존중하자'고 했다. 그렇게 존중하기로 마음 먹으니 정반대의 취향이 시너지로 느껴졌다.

동등함의 대표적인 예로, 여자는 결혼 후 본인의 이름이 불릴 일이 없어지는 문화가 싫다며 서로를 아무개 아빠, 아무개 엄마가 아닌 이름으로 호칭한 것과 아이들한테도 부모는 무조건 희생하는 존재가 아닌 동등한 존재임을 교육한 것이 내가 경력을 단절하지 않고 지금까지 이어오게

한 백그라운드가 된 것 같다.

내가 회사를 옮기게 될 경우, 아이들과 함께 가족회의를 해서 결정했다. 엄마가 회사를 옮기게 되면 어떤 변화가 생길 것 같은데, 각자 생활에도 이런 변화가 생기고 또 어떠한 보상도 생길 것이다, 이렇게 상황을 시뮬레이션해서 서로의 의견을 내도록 한 후 결정했다. 물론 아이들이 반대 의견을 내놓진 않았지만, 그렇게 동의해서 결정한 일이라는 것 때문에 행동에 책임감이 포함되어 있었던 것 같다. 집을 이사할까 고민하는 과정도 아이들과 공유했다. 실제로 큰 아이가 전학 가기 싫다며 진지하게 이야기해서 이사 계획을 접은 적도 있었다. 그렇게 어린 나이와는 별개로, 아이들 생각도 어른과 동등하게 존중했.

60년대 생 남자치고는 개방적인 남편의 생각이 옳았다고 생각한다. 그런 남편과 함께 살면서 많이 닮아가고 있다. 어느새 나는 닭 껍질, 돼지 비계에 젓가락을 먼저 갖다 대고, 신랑은 신선회가 생각나 횟집을 일부러 찾는 사람이 되었다. 우리는 서로 영향을 주고받으며 닮아가고 또 성장해 나가고 있다.

나의 박카스, 나의 비타민

아이들은 촉이 좋은가 보다. 야근으로 피곤하여 물먹은 솜 마냥 발을 질질 끌며 집안일이 무서워 유난히 집에 돌아가기 싫었던 어느 날의 일이었다. 집에 도착하자마자 시계와 반지를 풀어놓는데, 아일랜드 서랍장 위에 못 보던 메모지가 보인다.

"엄마시면 냉장고 안 칡 물 옆을 보시고, 아빠시면 아빠 베게 아래를 보세요. 선물이 있어요."

작은아들의 못생겼지만 정성스러운 글씨의 편지가 있었다. "호호,이게 뭐지?" 하고 냉장고를 열어보니 박카스 한 병이 떡하니 있었고, 그 박카스에는 메모가 한 장 달랑 붙어있었다. "집안일 때문에 힘드시고, 아빠랑 저희 때문에 늦게 주무시고 일찍 일어나셔서 피곤할 것 같아서 드리는 거예요"라고 쓰여 있었다. 세상에 맙소사…. 가슴이 벅차올랐다.

부모님을 생각하며 서프라이즈를 하는 초등학생 6학년 아들이 너무 사랑스러웠다. 품에 꼭 안고 싶어 방문을 노크하고 보니 이미 잠들어 있었다.

그날 이후로 내 핸드폰의 아들 이름은 '나의 박카스', '나의 비타민'으로 저장되어 있다.

엄마는 꽃게??!

큰아들이 열 살 때 일이다. 미술학원에서 가족과 연상되는 동물을 그려보는 시간이 있었다. 아들은 엄마를 생각하며 꽃게를 그렸다. 왜 꽃게인지 이유를 듣고 처음엔 입이 벌어졌다가, 곧 빵 터졌다. 그러고는 아들의 어깨를 꼭 안았다. 아들의 눈에 엄마는 다리가 열 개인 꽃게처럼 바쁘게 다니는 모습이 그려졌단다. 놀라워서 입이 벌어졌고 웃겨서 빵 터졌고 가슴이 뭉클해서 아들의 어깨를 두드렸다.

워킹맘인지라 다른 학부모처럼 다양한 학교 행사에 참여할 수 없으니 내가 가장 잘할 수 있는 건 출근 전 감쪽같이 할 수 있는 '녹색 어머니' 봉사였다. 다른 활동보다 더 부지런함을 필요로 하는 봉사 활동이라 학교 선생님들이 학부모에게 직접 부탁하는 봉사 활동이었지만, 나에게는 출근에 지장을 주지 않는 터라 적격이었다. 두 아들이 초등학교에 다니는 6년 동안 꾸준히 녹색 어머니 활동을 자처했다. 6년 연속 봉사 활동으로 감사장도 받았다.

이렇게 아침부터 저녁까지 바쁜 내 모습이 아이의 눈에는 다리가 열 개인 꽃게 같았나 보다. 시선이 참 직관적이고 정확하다. 난 아들이 본 그대로 그때나 지금이나 여전히 발이 열 개인 워킹맘이고 지금은 발이 열 개도 모자라 집게발을 잘 써야만 하는 스타트업 대표이다.

그 시절 엄마를 꽃게에 비유했던 큰아들은 군대에서 어려운 일에 봉착했을 때, '내가 박현영의 아들인데 말이야'라고 생각하며 어려운 순간을 이겨냈다고 한다. 의도하지 않았지만, 아이들한테 보인 꽃게 같은 모습이 훗날 아들이 힘든 순간을 이겨낼 수 있도록 하는 버팀목의 역할을 할 줄이야. 꿈에도 생각 못한 일이다.

유리천장은 없다

아직도 우리나라는 여성 사업가에 대한 선입견이 강한 편이다.
대표적으로 '일을 끝까지 할 수 있겠어?'라는 선입견이다.
그나마 여성들이 처리하는 업무 완성도가 높고, 센스있는 판단으로 기획력을 인정받는 사례가 많아지면서 여성의 능력에 대한 의심은 많이 없어졌는데, 아직도 '끝까지 할 수 있겠어?'라는 의심과 시선은 여전함을 느낀다.

여성이 출산 때문에 경력이 단절되고, 집중하는 대상이 아이가 되면서 잠시 사회에 대한 전문성이 떨어질 수 있다는 점은 인정한다. 하지만 요즘은 온라인 채널로도 모든 정보를 얻을 수 있을 뿐만 아니라 학습과 업무까지 가능한 세상이다. 따라서 여성의 경력 단절은 충분히 극복할 수 있는 문제라고 생각한다. 마음먹기 마련이다.

유리천장은 없다. 스스로 한계를 규정하지 말자. 스스로를 한계 짓고 만족하고 안주하면서 나 스스로를 가두지 말자. 처음에는 총총걸음으로 작은 성과에 만족하고 한 단계씩 더 도전함으로 성취감과 보람을 스케일업하면서 점점 성장하길 바란다.

얼마 전 chatGPT 서비스가 오픈되면서 또 한 번의 혁신을 경험하고 있다. 놀라웠다. 똑똑한 개인 비서가 생긴 느낌이었고, 이젠 그 누구도 '몰라서 못했다'라고 핑계 댈 수 없는 시대가 된 것 같다. 비록 최신 데이터가 아직 업데이트 되지 않았고, 정보 오류의 한계가 있지만, 이런 방식의 서비스가 열렸다는 것 자체가 라이프스타일을 레벨 업 시키고 의지만 있으면 누구나 성장할 수 있다는 건 명확해 보인다.

이젠 뭐든 하고자 하면 할 수 있다. 상상만 하던 일이 눈앞에 벌어지는 시대이니, 생각만 하고 머물러 있지 말고 무조건 행동하라고 이야기하고 싶다.

특히 CEO라면 타고난 성향을 극복하고라도 선도해야 한다. 나 또한 내가 먼저 사람들에게 다가가기 보다는 먼저 다가와주면 그제서야 적극적으로 대하곤 했다. 하지만 이제는 내가 먼저 다가가서 내가 누구이고 어떤 사람인지를 적극적으로 알리고 함께 할 수 있는 일을 만들려는 노력을 하고 있다. 라이브커머스도 밴더를 통하지 않고 직접 진행하면서 우리 브랜드를 알리고 제품을 소개하고 있다. 고객이 전달하는 메시지를 쿠션 없이 직접 피부로 느끼고 싶어서이다. 방송 스킬은 부족할지라도 제품을 가장 잘 아는 내 설명을 차분히 듣는 고객이 늘어나고 있고, 브랜드 아이덴티티를 공감하는 고객 채팅이 활발해지면서 매출 규모가 날로 커지고 있다. 그리고 누적되는 콘텐츠는 또 하나의 광고 채널이 되었다. 지난 방송을 보고 주문으로 이어지기도 한다. 세상의 다양한 채널을 내 광고판으로 만들었다.

이제, 숟가락 얹고 떠먹기만 하자.

대한민국 여성스타트업 포럼과의 인연

앞만 보고 달려가는 경주마처럼 내 제품과 회사만을 바라보며 달리다가 성장이 멈춰 있는 것만 같고 막막하게만 느껴졌을 때 선택한 것이 외부와의 소통이었다. SNS를 통해 '대한민국 여성스타트업 포럼'을 알게 되었고, 나와 비슷한 여성 CEO들을 만나고 싶어 노크하게 되었다. 여스포의 이정희 의장께서 환영해 주셨다. 예상대로 예비창업 기업부터 중장기 창업기업까지 수많은 여성 CEO와 여성 스타트업을 지원하는 법률, 교육, 전시, 투자 분야 전문가도 다양하게 계셨다. 무엇보다 서로를 경쟁자라 생각하지 않고 스스럼없이 단톡방에 정보를 공유하고 또 도움이 필요한 일에 적극적으로 나서는 회원들을 보며 그녀들의 멋진 의리에 진심 어린 응원과 격려의 박수를 보내게 되었다. 산전수전을 먼저 겪은 선배 CEO가 아무 조건 없이 열린 마음으로 모든 것을 공개해 주는 공간, 멋있다. 특히 여성 CEO끼리는 소통이 더 잘되어서, 이 모임에서 네트워킹하며 서로 도움을 주고받으며 함께 성장해 나가고 싶다는 마음이 저절로 들었다. 사람이 가장 소중하다는 것을 아는 기업가, 내가 가고자 하는 길이기에 여스포 활동에 적극적으로 공감하며 함께 하는지도 모른다.

시간과 비용을 쪼개어 봉사하는 이정희 의장님과 대학생 서포터즈 자원봉사자 여우리들, 함께 운영위원회에서 봉사하는 위원들, 비록 운영위원회는 아니지만 때마다 적극적으로 봉사하는 대표님들과 여스포 외·내부를 통틀어 후원해 주시는 많은 서포터들 덕분에 늘 든든하다. 서로를 섬기는 마음으로 운영되는 훈훈한 이 포럼에서 나 또한 멋진 여성 CEO로서 서로 밀어주고 끌어주면서 회원들과 인생의 한 획을 긋는 업적을 만들길 소망한다. 더불어 여스포의 심볼인 유니콘처럼 ㈜나비앤코를 포함해서 많은 여성기업이 유니콘 기업에 등극하기를 간절히 바란다.

사업을 유지하는 원동력과 극복하는 힘

아이디어를 실물로 만드는 것은 흥미 있는 일이다. 하지만 사업으로 연결하지 못하면 나에게만 흥미로운 취미생활일 뿐이다. 내가 만든 제품에 사람들이 관심을 보이고, 그들의 생활에 영향력을 끼치고, 오랫동안 익숙하던 패러다임을 바꾸게 될 것이라는 생각을 하면 힘이 난다. 이것이 사업이 힘들어도 주저앉을 수 없는 나의 원동력이다. 하지만 그런 나라도 힘들어서 주저앉고 싶을 때가 있다.

가끔 여성 CEO 인터뷰나 사례 강의를 할 기회가 생기는데, "힘든 시기를 어떻게 극복하셨나요?"라는 질문을 받는다. 나의 대답은 "저는 해결하기 벅찬 힘든 일이 생기면 하루 외도를 해요"라고 한다.

초반부터 힘든 일 한가운데로 뛰어들진 않는다. 주변 사람이 되어서 한 발 떨어져 상황을 객관적으로 들여다볼 위치를 찾는다.

2년 전 이맘때도 그랬다. 여행 상품으로 컨셉을 잡고 패키지를 리뉴얼하며 투자했던 과정이 코로나19로 인해 쓸모 없어졌다. 시간과 자금 손해가 있었고, 예상하지 못한 이슈였던지라 설마설마하는 사이에 재빨리 대응하지 못하고 어물쩍대다가 회사는 마이너스 구조가 지속되었다. 조급해졌다. 코로나19로 인한 재택근무가 시작되면서 집에는 항상 노트북이 늘 놓여 있었고, 주말도 없이 하루 열두 시간 넘게 노트북을 붙들고 일을 하는데도 성과를 내지 못했다. 그때 외부에서 본 회사와 내 모습은 경주마였을 것이다. 양옆을 가린 채 앞만 보고 달리고 있었다.

코로나19는 순식간에 전 세계로 번진 세계적 이슈였는데, 나는 제품만 쳐다보고 있었다. 그러다보니 객관성을 잃어버렸고, 일을 해결할 실마리도 찾지 못했다.

고민 끝에, 네트워킹하자고 결심했다. 온라인 활동으로 각종 SNS 플랫폼을, 오프라인 활동으로는 창업학 대학원에 진학했다. 그리고 그때의 선택은 탁월한 선택이었고, 나의 성장에 도움이 되는 일종의 '외도'라 할 수 있겠다.

데모데이 대상, 투자 지원 이어가기

나비앤코의 굵직한 업적 중 하나는 대회 수상이다. 소상공인진흥공단에서 주관하고 희망재단에서 주최하는 쇼케이스 대회에서 대상을 탔다. 대상을 수상한 덕분에 인터넷 뉴스에 우리회사의 사업내용과 제품, 내 이름이 게재되었다. 처음 나간 대회인데다가, IR이라는 무대의 최고 상인 대상을 받게 되면서 우리회사의 비즈니스와 비전에 대한 자신감과 확신이 생겼다. 1인 창업기업에, 변화가 없어 보이는 지루한 날들이 계속될지라도, 조금씩 도전해나가고 확장해나가려고 노력하는 날들이 보상받는 듯했다. 아직 나의 꿈과 비전은 멀게만 느껴지는 날도 있었지만, 이러한 조그만 노력의 점들이 선이 되어 길이 되는 날들이 올 것이라 생각한다. 늘 오늘 하루를 버티어 내겠다는 마음으로 하루를 시작하지만 이러한 노력의 보상들이 버티게도 하는 원동력이 되는 것 같다.

감사하게도, 내년부터 또 다른 IR로부터 투자지원을 이어가게 되었다.

데모데이에서 대상수상하다(좌), 매일경제에 소개되다(우)

불경기라서 투자 받는 것이 예전보다 더 어렵다고들 이야기 하지만, 굴하지 않고 더 큰 규모의 투자를 받기 위해 계속 알아보며 노크하고 있다.

리더의 태도는 조직의 미래

지난주에 2박 3일간 액셀러레이터 양성 교육에서 투자자들과 만났다. 3개 기업의 투자자가 전달하는 메시지 중에 공통된 단어가 '창업가에 대한 신뢰'이다. 투자자 중에는 스타트업의 창업가나 조직의 리더를 현재 매출이나 재무구조보다 더 중요하게 생각하는 투자자도 꽤 있다. 그만큼 리더의 태도가 조직의 미래이기도 하다.

높은 자리에 있다고 마냥 리더라고 할 수 없다. 조직을 자신의 허세와 구분하지 못하거나 상황에 따라 말을 바꾸고, 사적인 감정을 섞어 비상식적인 방식으로 처세하는 리더는 결국 팀원들이나 외부에 부정적인 영향을 미쳐 내부 경쟁력을 떨어뜨리고 조직에 피해를 주기도 한다.

최근에도 이러한 리더를 보았다. 정확하지 못한 정보를 단언했다가 쉽게 번복하면서도 본인의 착오를 인정하지 않고, 심지어 사적인 욕심을 드러내어 리더의 신뢰를 떨어뜨리는 경우를 보았다. 리더의 자격에 대하여 다시 한번 생각하는 계기가 되었다.

조직의 대표인 리더는 정확한 정보 전달을 해야 하며, 권력 남용으로 팀원과의 신뢰에 영향을 끼치는 언행은 금해야 한다는 교훈을 얻으며 좋은 리더로서 노력해야 할 부분을 되새겼다.

공격적인 창업가를 응원한다

최근 여성의 사회화가 자리를 많이 잡았다. 점점 여성 CEO가 돋보이면서 팸테크 산업의 가치가 앞으로 더 커질 것으로 예상한다. 나비앤코는 팸테크 시장과 같이 성장하면서 가치도 함께 키울 준비를 하고 있다.

기회를 잡기 위해 새로운 브랜드를 하나 더 만들었다. 좋은 결과는 준비된 판에서 나온다는 진리와, 바닥을 찍었을 때 포인트가 발견된다는 원리를 많이 듣고 그 사례를 보았다. 한발 앞서 치고 나갈 수 있으면 이상적이겠지만, 그런 레퍼런스와 인프라가 아직 부족하다면 준비하고 기다리자.

아이디어를 찾는 도구는 가까이 널려있다. chatGPT를 활용하든, 정부지원사업을 활용하든 어떤 툴을 활용해서든지 트렌드를 분석하고 내가 잘할 수 있는 일을 준비하자. 그리고 준비와 동시에 움직이자. 언제부터? 바로 지금부터! 그렇게 밀알을 심어 놓자. 싹이 되었을 때 기회가 오기도 하지만, 밀알을 심어 놓은 밭 자체가 기회가 되기도 한다.

생각났을 때 뭐라도 하자. 공격적인 창업가를 응원한다!

가성비 좋은 마케팅 채널, 라이브커머스

라이브커머스 운영하는 꿀팁

소규모 기업의 브랜딩, 중요하고 어렵다. 특히 코로나19 이후 디지털마케팅은 더 중요해졌다. 그 선두에서 새로운 유통 트렌드를 이끄는 채널이 라이브커머스가 아닐까 싶다.

라이브커머스는 오프라인의 장점인 쌍방향 소통이라는 점이 가장 큰 매력이다. 방송 중 궁금한 점이 생기면 즉석에서 질문과 답변을 통해 궁금증을 해소한다. 대화하듯 주고받으면서 공감하고 소통하며 그 과정에서 판매가 발생한다. 더 중요한 건 오프라인의 단골손님처럼 우리 브랜드를 좋아하는 팬이 생기고, 친밀감이 형성된다는 점이다.

라이브커머스 방송은 TV홈쇼핑의 형태이지만 방송 환경이 다르다. 전문 진행자가 아니어도 진정성 있게 설명한다면, 조명이 화려한 무대가 아니어도 있는 그대로 제품을 보여줄 수 있다면, 고객은 구매한다. 소비자의 구매 동기가 예전과 달라져서 포장하지 않은 날 것을 선호하는 고객층이 늘고 있다. 라이브커머스의 특성을 잘 활용하면 브랜딩뿐 아니라 매출도 기대할 수 있다.

채널 파워에 따라 차이는 있지만, 우리는 론칭 한 달 만에 쿠팡에서 월 1,000만 원의 매출을 기록했다.

메디실리 브랜드의 2세대 상품, '힐링핏브라'를 론칭하고 2주 만에 쿠팡 라이브를 시작했다. 월요일 낮 2시. 첫 방송을 했는데 400여 명의 시청자가 들어왔다. 2차 방송에서 700여 명, 3차 방송에서 1,000명이 넘는 시청자가 들어왔다. 라이브 방송 3주 만에 누적 조회수는 11만 회를 넘었다. 신제품 런칭 3주 만에 11만 명에게 신제품을 홍보한 것이다. 어디에 가서 이 짧은 시간에 이 비용으로 수백 명에서 수천 명에게 우리 브랜드를 알릴 수 있을까? 오프라인 매장이라면 한 번에 1,000명의 손님을 혼자 응대할 수 있었을까?

라이브커머스 촬영 준비하는 모습

내가 직접 라이브 방송을 진행했으니, 판매하는 상품 가격의 10% 수수료만으로 광고한 것이다. 또한 라이브 방송은 녹화본이 콘텐츠로 쌓여서 상세 설명에서 놓친 디테일을 대신하기도 한다.

이제 라이브커머스는 하나의 유통 트렌드로 자리를 잡았고 언제든지 열려 있는 광고판이니 누구나 방송을 시도할 만하다. 가성비 좋은 브랜딩을 고민하는 분이라면 라이브커머스 활용을 적극 추천한다.

우리 회사의 최초의 라이브커머스는 그립이었고 현재는 브랜드몰, 배달의 민족 등 대부분의 자사 몰에서도 라이브커머스 솔루션을 사용하고 있다. 채널별로 라이브 방송 자격 제한을 두는 판매실적 라인이 있기도 하고, 방송 진행자 가이드라인이 있기도 하니 각자의 컨디션에 맞는 채널을 분석해서 라이브 방송을 테스트해 보길 바란다.

조금 먼저 시작한 라이브커머스 선배로서 운영팁을 말하자면,
첫째, 우선 우리 브랜드 또는 제품과 핏이 맞는 채널을 선택하라. 주 고객의 연령대와 인기 카테고리를 조사해서 라이브커머스를 진입 할 채널을 우선 찾아라.

둘째, 채널을 결정했으면, 누가 방송 진행을 할 건지, 월 몇 회 방송할 건지 계획을 미리 세워라. 라이브커머스는 꾸준하게 하는 것이 효과가 좋기 때문이다. 진행할 때에는 상세 페이지에 있는 내용을 방송으로 설명한다는 생각으로 하면 되는데, 라이브의 묘미를 살려 날씨,

뉴스 등 실시간 이슈를 이야기하고, 목소리의 강약으로 신뢰도와 공감을 끌어내는 것이 효과적이다.

셋째, 라이브만의 프로모션을 구성하면 재미로 시청자를 사로잡아 구매로 연결하는 라이브만의 특성을 잘 활용하는 게 될 것이다.
시청자가 머무는 시간은 3~5초 사이라고 한다. 말 그대로 찰나에 임팩트 강하게 시각적이고 청각적인 요소로 시청자의 눈을 붙잡아야 한다. 우리의 스토리에 공감하고 우리 브랜드에 관심을 두도록 하는 것이 매출보다 더 중요하다. 그렇게 관심을 가진 시청자는 라이브 방송이 끝난 다음에도 다시 찾아와 지난 방송을 보면서 구매도 하기 때문이다.

여러 고객에게 맞추어 흔들리지 않기를 바란다. '우리 브랜드다움'에 대한 고집을 갖고 브랜드의 가치를 알아주는 고객에게 더 정성을 들이길 바란다. 우리 브랜드의 새 소식을 받아주는 팔로워 구축을 해두면 그들과 함께 브랜드를 빌드업할 수도 있는 소중한 그룹이 만들어지기 때문이다.

이는 어디까지나 나의 주관적인 의견일 뿐, 아이템과 시즌, 방송 시간, 프로모션 등 다양한 변수가 따르니 라이브커머스를 시작하기 전 여러분의 브랜드와 아이템 특성을 먼저 분석하고 회사의 캐시플로우 등 운영 컨디션을 고려한 후 핏에 맞추어 운영해야 함을 잊지 말자.

03

느린 아이들의
성장과 행복을
돕는 예술교육기업
리드앤씽

조을정 대표

리드앤씽은 장애, 비장애의 경계를 허물고 모든 아이들이 동등하게 교육받을 권리를 추구하며, 아이들의 행복을 위한 예술융합 콘텐츠를 개발하고 교육하는 예술교육기업입니다. 느린 아이들의 성장을 위한 예술교육 콘텐츠, 그 중에서도 감정인지 놀이키트, 또래관계 맺기 아트 워크북과 장애·비장애 아동의 통합 예술교육을 위한 문화 예술 교육 프로그램, 책놀이를 위한 독서 예술융합교육 프로그램 등을 개발 및 제작하여 초등학교와 공공기관, 각 가정에 보급·판매하고 있습니다.

장애아동 출산,
창업의 계기가 되다

장애아동의 엄마가 되다

"걷게 되면 다행인데. 사실, 어떻게 클지 예측할 수 없어요. 엄마가 재활을 잘해서 잘 클 수 있도록 정신 바짝 차리셔야 해요."

아들 쌍둥이를 27주 5일 만에 출산하고 둘째 아이가 뇌출혈이 발생했다는 의사 선생님의 청천벽력 같은 말을 들었다. 결혼해서 한 달 만에 가진 아이였다. 임신 24주까지만 해도 아무 이상이 없었다. 그러나 24주째 첫째 아이의 양수가 터졌고, 그날로 대학병원에 입원했다.

앰뷸런스를 타고 이송되었을 때 23주가 막 넘어 24주가 되는 날이었는데, 24주 이하는 보통 임신을 종결한다고 의사 선생님께서 말씀하셨다.

하지만 다행히도 임신기간이 그날로 24주가 되었다는 이유로 버텨보자고 했다. 그날부로 입원해, 한 달을 넘게 입원하다가 첫째 아이 발이 내려와 응급수술로 27주 5일 만에 쌍둥이를 출산했다. 매 순간 초조한 마음으로 분만준비를 했던 첫째와 달리 아무 준비도 없었던 게 화근이었을까? 둘째는 출생 당시 뇌출혈에 백질연화증 진단을 받았다. 더군다나 왼쪽, 오른쪽 다 뇌 손상이 있었고 특히 오른쪽이 심했기 때문에 아이가 걸을 수 있을지도 불확실할뿐더러 걷는다 하더라도 몸 왼쪽이 다 안 좋을 거라 하셨다. 아이가 태어난 것에 대해 맘껏 기뻐하지 못했다. 출산했다고 주위 사람들에게 축하받지도 못했다. 모두 걱정스러운 이야기뿐이었다.

내 생애 장애를 가진 아이의 엄마가 되리라고 단 한 번이라도 생각해 봤을까? 나에게는 절대 일어나지 않을 것 같던 일이, 왜 이런 불행이 나에게 찾아온 건지 절망스러운 마음뿐이었다.

강해져야 한다

나는 평범한 음악 강사였다. 학부 때 성악을 전공하고 석사로 작곡을 전공하며 아이들에게 동요를 가르치고 또 아이들을 위한 동요를 만드는 평범하디 평범한 음악 강사 중 한 명이었다. 그런데 아이가 나의 삶을 송두리째 바꿔놓았다. 내가 쌍둥이를 출산했을 때 아이를 받으셨던 간호사 선생님이 이렇게 말씀하셨다.

"엄마, 이제 울 시간 없어요. 정신 바짝 차리셔야 해요. 빨리 재활 알아보고 어떻게든 아이가 걸을 수 있게 엄마가 계획을 세우고 앞서서 뛰어야 해요. 한시라도 빨리 시작하는 게 좋으니까. 엄마!! 이제 정신 똑바로 차리시고 미래를 준비하세요!!"

울 시간조차 없었다. 강해져야 한다. 그렇게 이를 악물고 좋은 선생님들을 수소문해 아이를 집에 데려온 날부터 재활을 시작했다. 조금 커서는 병원으로 치료하러 다니게 되면서 나와 아이의 본격적인 재활 라이프가 시작되었다. 그때 치료실에서 여러 장애 아동을 만났고 그 엄마들과 이야기를 나누며, 나는 장애아동 엄마의 마음에 누구보다 진심으로 공감하는 사람으로 변했다. 나도 똑같은 입장이었기 때문에.

장애를 가졌다는 이유로 사회의 편견과 냉대 어린 시선 속에서 버텨내야 하고, 자기 목소리를 내기 위해 투쟁가가 되어야 하는 장애 가정의 모습을 바라보며, 나만큼은 장애가 있건 없건 상관없이 똑같이 교육하고 발달을 도와주고 성장을 촉진할 수 있는 예술교육 콘텐츠를 개발하기로 마음먹었다. 적어도 내 교육에서만큼은 '장애'란 특별함의 하나이지 비정상이라고 구분 지으며 멀리하고 싶은 것이 아니라고 부르짖고 싶었다. 그것은 나 자신에게 외치는 외침이자 바람이었다. 내 아이가 그러한 교육을 받았으면 했다. 그리고 그 바람을 나는 묵혀두지 않고 창업으로 연결 지어 내 생애 단 한 번도 생각해 보지 않은 사업가가 되어 여기까지 왔다.

음악 강사로서의 바람

처음은 아주 우연이었다. 나는 음악 강사로서 성악과 악기를 가르쳤지만, 어느새부터인가 나만의 콘텐츠를 가지고 싶다는 열망이 생기게 되었다.

음악 강사는 사실 대체되기 쉬운 직업이다. 매년 대학에서 수많은 전공자가 쏟아지는 것이 현실이고, 자신만의 특별한 교습법을 가지고 있지 않은 이상, 음악 강사는 많기 때문에 기관에서도 기존 강사를 바꾸는데 별다른 부담이 없을 것 같았다. 그래서 항상 대체될 수 있다는 불안감을 가지고 있어야 했던 나는 누구도 흉내 낼 수 없고 내가 아니면 못 하는 교육 프로그램, 절대 대체될 위험이 없는 교육 프로그램을 개발하고 싶었다. 23세부터 시작했던 나의 강사 경험과 육아 경험이, 훗날 독특한 교육 프로그램을 개발할 때 요긴하게 쓰였다.

아이가 만 2세가 되자, 다니던 어린이집에서 그림책을 한 달에 두 권씩 보내줬다. 어린이집에서 하는 프로그램 중 하나였는데 그 프로그램에 참여한 아이들은 무조건 그림책을 두 권씩 집으로 보내졌다. 처음에는 열린 결말의 그림책 내용이 이해되지 않아서 의문을 가지고 읽었던 그림책이 어느새 육아로 지쳤던 나의 마음을 위로해 주는 소중한 친구가 되어갔다. 아이들을 위한 그림책 낭독에서 나를 위한 그림책 독서로 바뀌었다. 동네 도서관에서 그림책을 빌리기 시작했고 그림책 강좌를 들었다. '책 놀이 자격증'부터 '그림책 심리 지도사 자격증'까지 따며 그림책에 관해 열심히 공부했다.

'이 그림책이 동요를 만나면 어떨까?'

상상하기 시작했다. 그림책과 동요를 하나의 주제로 융합하여 독서 예술융합 교육 프로그램을 개발했다. 그때 한참 '엄마표 미술'이 SNS상에서 유행했고 대세를 따라 독후 활동으로서의 미술 또한 프로그램의 구성요소로 넣었다. 당시 전남 지역 공공도서관의 사서였던 친한 친구에게 준비한 기획서를 보여줬더니 반응이 매우 좋았다. 프로그램의 기획, 구성, 대상 모든 것이 좋다며 다음 학기부터 강의해 보자고 적극적으로 권해 주었다.

그렇게 공공도서관에서 <책과 함께 씽씽씽>이라는 이름을 붙여 강의를 오픈했다. 놀랍게도 접수는 10분 만에 완료되었다. 2020년 1월에 시작한 강의는 아이들과 엄마들의 만족도가 높아 출석률 높은 프로그램으로 소문나기 시작했다. 그러나 머지않아 모두를 힘들게 했던 코로나19가 나의 강의에도 중대한 영향을 끼쳤다.

첫 좌절이 창업의 계기로

그해 겨울 코로나19가 전국을 강타하면서 다섯 번의 출강 끝에 무기한 잠정 중단되었다. 처음엔 '금방 끝나겠지'라고 생각했다가 어린이집 등원 불가, 외출도 불가, 아이들과 24시간 집에 있으면서 시간이 지날수록 절망했다. 꽃을 피워 보기도 전에 져버릴 가능성이 농후했다. 우리 아이들도 언제 어린이집을 다시 갈 수 있을지 모르는데 공공기관에서의 수업은 무슨 수업이란 말인가? 말도 안 되는 일이었다.

그렇게 내가 처음 개발한 교육 프로그램은 언제 재개될 수 있을지 그 누구도 쉽사리 말을 꺼낼 수 없는 상황이 되었다. 나는 이렇게 또 주저앉겠구나 싶었다. 몇 년을 육아만 하며 살다 이제 겨우 사회생활을 할 수 있다고, 사회 안에 내 자리를 찾았다고 좋아했는데, 역시 내 길이 아니었나보다 하고 위로했다.

코로나19 전 한 육아 강연에서 만나 인연이 된 여성 대표님이 계셨다. 바로 '더하트컴퍼니'의 김민하 대표님이다. 그분은 경력보유 여성들을 퍼스널 브랜딩하며 제2의 경력을 쌓을 수 있도록 도와주는 일을 하였는데, 나의 이야기를 듣고 여성가족부나 중소기업부의 지원사업을 통한 창업을 권유하였다.

당시 코로나19로 인해 외출이 불가하게 되면서 밀키트 시장이 급속도로 성장하고 있었는데, 당시 내 수업을 '키트화' 시켜보면 어떨까라며 막연하게 생각만 하고 있었다.

> "제 강의 프로그램을 기관에서 들을 수 없으니, 가정에서 사용하는 키트로 제작해 보면 어떨까요?"

그렇게 고민 상담을 했더니, 그 말을 듣고 좋은 아이디어라고 하며 창업 조언을 한 것이다. 그 말을 처음 들었을 때는 말도 안 된다고 생각했다. 창업이라니, 나와는 전혀 관계없는 일이라고만 생각했다. 무엇보다도 나는 숫자와 친하지 않았다. 대학원 때 교수님이 하시는 여러 공모사업을 돕는 중에도 차라리 연구실 청소를 했으면 했지 정산만큼은 못하겠다며 스트레스받던 나였다. 그런데 창업한다면 그 일이 온전히 내 일이 될 것이 아니겠냐며 나랑은 안 맞아서 절대 못 한다고 했었다. 그런데 그녀가 거듭 용기를 내라며 권유할 때는 고민하기 시작했다.

> '쌍둥이까지 출산했는데 뭔 일을 못 할까? 엄마는 뭐든 할 수 있지!'

내일모레 사십 세인데 그 안에 후회 없이 도전해 보는 것도 좋으리라는 생각과 함께 용기를 냈다.

LH 소셜벤처 지원

이 일이 정말 나의 업(業)이 되려고 했던 것일까?

마침 온라인에서 만난 지인이 사업계획서 쓰는 법을 멘토링 해주었다. 생각지도 못한 도움으로 아이디어가 잘 정리된 사업계획서를 쓸 수 있었다.

지금도 그렇지만 그때는 더더욱, 아이들이 자는 새벽 시간을 활용해 사업계획서를 써나갔다. 처음엔 어디에 내놓기도 부끄럽고 보기에도 참담한 수준이었던 사업계획서는 몇 번의 멘토링을 거쳐 발전해 나갔고 '2020년 LH 소셜벤처'에 지원하게 되었다. 간절한 마음으로 제발 꽃을 피워 볼 수 있기를 바라며 결과를 기다렸다. 결과는 놀랍게도 1차 서류심사 합격! 사업계획서를 쓸 때만 해도 뜨뜻미지근했던 남편이 월차까지 내면서 2차 발표심사 가는 길에 운전기사 역할을 해주었다.

LH 소셜벤처 지원사업서 발표하는 모습

이때까지만 해도 남편은 별 기대가 없었다. 그저 후회가 남지 않도록 내가 가진 열정을 다 쏟아내고 오기만을 바랐다. 2차 심사에도 합격하니 그제야 남편이 신기한 듯 이야기했다. "나오는 사람 다 붙는 거 아니야?" 라면서 스리슬쩍 웃기까지 했다. 그때까지는 나도 사업에 대한 확신이 없었기에 진짜 그런 게 아닌지 의심하며 주최 측에 문의해 보니 경쟁률이 27:1이었다고, 많은 팀이 지원해 주셨다고 했다. 그게 첫 시작이었다.

친정집 근처 작은 컨테이너에 사무실을 차리고 웹 강의와 키트 패킹 장소로 사용하며 LH 소셜벤처의 유일한 1인 기업으로서 합격해 고군분투하며 성장해 왔다.

온전히 나의 경험에서 비롯된 이 사업 아이디어는 느린 아이를 키우는 한 사람의 부모로서 '세상에 이런 교육이 있었으면 좋겠다'는 아이디어가 씨앗이 되어 여기까지 왔다. 절실했고 간절했다.

나 개인에서 시작된 아이디어가 세상을 바꾸기까지는 아직도 많은 시간이 필요하지만, 오늘도 세상 어딘가에서 나와 같은 고민으로 힘들어할 느린 아이의 부모님과 아이에게 하나의 희망이 되고자 멈추지 않고 달리고 있다.

이상적인 사회를
향한 노력

B2B, B2C가 뭐예요?

2020년, 감사하게도 LH 소셜벤처에 선정되어 창업을 시작한 나는 사업의 'ㅅ' 자도 몰랐던 사람이었다. B2B가 뭔지, B2C가 뭔지도 모를 정도로 사업의 문외한이었고 워크숍과 멘토링을 받을 때도 그들이 하는 말의 반 이상이 무슨 말인지 못 알아들을 정도로 무지했다. 그래서 다른 대표님들과의 교육 연수 자리에서도 혼자 못 알아듣는 말이 많아 노트에 적어놓고 따로 찾아보며 공부해야 했고 닥치는 대로 스타트업, 경영에 관한 책들을 독파해야 했다.

온전히 집중할 수 있는 새벽에 일어나 책을 읽고 업무에 매진했다. 그때는 직원 없이 혼자 모든 일을 도맡아 했기 때문에 각종 서류 작업, 정산,

그리고 키트에 대한 구상과 연구 모든 것이 다 내 손에서 이루어졌다. 하지만 언제까지나 나 혼자 모든 걸 짊어질 수 없었다.

전문역량을 가지고 콘텐츠 개발을 하기 위해 우리 회사의 가치에 동행하며 힘을 쏟을 수 있는 치료사 선생님, 예술가, 교육가를 섭외하기 시작했다. 프리랜서 형태로 고용하여 콘텐츠 개발, 프로그램 교육을 함께 개발하며 실험해 보고, 개발한 프로그램의 우수성과 가능성을 알리기 위해 '예술경영지원센터'가 주관하는 공모전에 출전하기도 했다. 감사하게도 우수상을 받게 되어 우리에게 큰 기쁨과 확신을 주었다.

사업자금에 대한 고민

처음에 회사를 막 시작했을 때는 사업자금에 대한 구체적인 계획이 없었다. 아이디어만 있었지 어떻게 실현해야 할지 몰랐기 때문에 프로그램 및 서비스 개발과 상품 제작에 드는 비용, 회사를 운영하는 최소비용은 얼마일지 전혀 가늠되지 않았다. 시장조사를 통해 제품 제작을 위한 최소비용을 조사하고, 이후엔 지원사업의 도움을 많이 받았다. 사무실 임대비용부터 제품을 제작하는 비용까지 지원이 되기 때문에, 지원사업을 활용하여 사업 자금을 조달했다. 만약 지원사업이 없었다면, 겁 많은 나로서는 꿈도 꾸지 못했을 것이다.

만약 지원사업으로 기업 운영비를 100% 조달할 수 있으리라 생각하는 사람이 있다면 그건 허황된 생각이라고 말해주고 싶다. 사업을 운영하는 데 지원사업이 큰 도움이 되었던 것은 사실이었지만, 기업 운영 비용은 상상 이상으로 많이 들어가기 때문이다. 심지어 발걸음을 떼는 순간에도 돈이 필요하다. 오죽하면 숨만 쉬어도 돈이 들어간다고 할까. 인건비를 비롯해 개발비, 미팅비, 영업 및 마케팅비, 비품비 등 회사를 운영하는 데 부족한 금액은 개인 강의 활동을 통해 받은 강의료로 충당했다. 집에는 돈 벌겠다고 큰소리쳤는데 가져오는 돈이 하나도 없다. 사무실 보증금조차도 남편이 내줬는데 3년이 지나도록 아직 못 갚았으니 할 말 다 했지 말이다.

최종적으로는 지원사업 없이 자립할 수 있는 비즈니스 모델을 정립해 매출 증대와 고용 창출을 이루는 것이 기업의 목표이기 때문에 지원사업에만 계속 의존할 수 없었다. 투자유치를 진지하게 고민해 보기도 했다. 법인을 설립하면서 전문 투자를 받는 것을 고려함과 동시에 투자자의 입장이 되어 생각해 보았다. 어느 기업에 투자하든 내가 투자한 기업이 최대한 매출을 많이 일으켜 투자자들에게 많은 이윤을 가져다주는 것이 투자의 제일 큰 이유가 될 것이다. 그렇게 생각할 때, 과연 우리의 소셜 비전을 끝까지 지켜낼 수 있을까? 의문이 들었다. 문득 자신이 없어졌다. 시간이 오래 걸리더라도 타협하고 싶지 않은 나의 소셜 비전을

사회성과 보상사업공모전
우수상 수상

지키고 싶었다. 그래서 우리 회사의 가치가 세상에 우뚝 설 때까지, 우리의 비전이 견고해질 때까지 투자유치를 보류하기로 했다.

지원사업을 통해 키트를 제작하는 과정은 생각처럼 쉽지만은 않았다. 키트 출시 이후엔 본격적으로 판매하고 매출을 올리기 위한 단계에 돌입해야 했다. 첫 번째로 기존에 강의를 나갔던 공공기관에 프로그램과 함께 키트를 판매했다. 그리고 2년 차가 되었을 때는 여러 기관과 MOU를 맺으며 기관이 원하는 주제에 맞게 수정, 보완해 가며 키트를 판매했다. 그렇게 기관에 판매한 이후부터 매출이 생기게 되었지만, 회사 운영비에 들어갈 자금 자체가 크기 때문에, 내 개인 급여로 가져오는 돈은 미비한 수준이다. 창업 4년 차를 바라보는 올해에는 오프라인 센터 오픈과 파견기관 확대로 더 많은 매출이 일어나기를 바란다. 나에게도 '급여'라는 형태로 월급을 받을 수 있는 날이 오기를 소망한다.

LH 소셜벤처 지원사업이 끝난 이후에는 컨테이너 사무실에서 여성기업센터로 사무실을 옮겼다. 한 사람의 초보 창업가로서, 여성 기업인으로서 한 걸음 더 나아갈 수 있게 되었다.

모든 출발은 나의 개인적인 고민에서부터

천운을 타고났다는 재활 선생님의 말씀 덕분인지 우리 아이는 걸을 수 있게 되었고, 느리지만 차근차근 발달을 잘 거쳐 초등학교 2학년이 되었다. 동요로 말을 배웠고 그림책을 읽으며 자기 생각을 말할 수 있게 된 우리 아이의 성공 사례를 널리 알리고자, 나는 장애·비장애 아이들이 한데 어울려서 교육받을 수 있는 통합예술 교육을 위한 공모사업과 초

등학교 도움반 장애 아이들을 위한 정서 지원 프로그램 교육 활동을 하고 있다.

아이들을 위한 교육을, 국가나 기업의 보조금 사업을 통한 공공재로서의 접근과 가정에서 직접 이용할 수 있는 사교육 시장으로의 접근을 동시에 하고 있다. 지역의 작은 예술 기업에서 전국 아이들을 대상으로 콘텐츠 이용이 가능한 예술기업으로 성장하기 위해 노력하고 있다.

광주문화 재단의 '토요문화학교'와 '예술시민 배움터' 사업에 선정되어 장애 아동과 비장애 아동 모두가 느림과 빠름에 상관없이 '서로의 속도를 존중하는 것'의 의미를 깨달으며 자신의 이야기로 세상과 소통할 수 있도록 동요, 그림책 작가로 데뷔할 수 있는 교육 사업을 진행했다. 기후 위기에 따른 우리의 변화를 촉구하는 한국의 '그레타 툰베리'*(스웨덴의 학생 환경 운동가)가 탄생하는 문화 예술 프로그램을 기획했고, 학대 피해 아동의 정서 회복을 위한 특별 예술 키트를 보급하기도 했다.

사람들은 새로운 것을 끊임없이 개발하는 우리에게 어떻게 매번 새로운 아이디어가 떠오르냐며 신기해한다. 사실 모든 출발은 이렇게 나의 개인적인 고민에서 출발한다.

아트 워크북 개발

초등학교에 입학하는 우리 아이가 또래 관계 맺기가 원활하게 이루어졌으면 하는 바람 하나로 아트 워크북 개발을 시작했다. 장애아동을 키우는 부모는 학령기 자녀에게 학습에 대한 고민보다 학교에서의 또래 관계와 사회성에 대한 고민이 깊은 경우가 많다. 아이가 사회성을 자연스럽게 익히는 것이 불가능하기 때문에 하나하나 다 교육해야만 한다. 그렇기 때문에, 또래 관계를 잘 맺기 위해 어떤 노력이 필요한지에 대한 질문이 워크북 개발의 시발점이 되었다. 모든 아이가 차이를 넘어 서로 존중하고 함께 친구가 될 수 있다는 메시지를 전달하였다. 단체 생활에 필요한 기본 규칙부터 상황에 대처하는 방법까지, 예술을 매개체로 즐겁게 교육할 수 있도록 아트 워크북을 개발했다. 친구란 무엇이고 우정은 무엇인지, 친구를 사귈 때는 인사부터 하는 것이라든지, 양보하기, 감정 조절하기 등 상황 하나하나를 예시로 들며 해야 할 반응이나 말을 생각해 보고 '동요 부르기', '미술 활동', '대본 쓰기'로 직접 시도해 보는 것이다. 코로나19가 장기화되면서 현재 교육계에서도 아이들의 학습 격차보다 심각한 것이 사회성 발달이라고 한다. 그런 까닭에 우리의 워크북이 코로나19 세대인 비장애 아동들에게도 활용되고 있다. 모든 아이가 함께 교육받을 수 있으면 좋겠다는 나의 바람이 실현되어 감사하다.

우리는 초등학교로 파견 나가 특수 교육 대상인 아이들을 위해 독서 예술융합 프로그램을 진행하고, 비장애, 장애아동 통합 예술 프로그램인 '작가님이 오십니다'라는 보조금 사업을 통해 많은 장애 아동을 만났다. 그리고 그곳에서 만나게 된 특수교사 선생님들과 부모님들께 우리의 교육이 '장애 아동에 대한 이해가 깊고 아이들을 진심으로 대한다'라는 피드백을 받았다. 나는 긍정적인 피드백을 들을 때마다 이런 생각을 한다. '만약, 내 아이가 장애가 없었더라면 이런 피드백을 들을 수 없었을 거라고, 개인적인 고민이 없었다면 이런 프로그램들이 나올 수 없었을 거라고' 말이다.

공부를 많이 해서 전문적 데이터를 쌓고 뛰어난 역량을 얻는 것도 물론 중요하지만, 나의 고통스러운 경험이 없었더라면 삶에서 느끼는 장애 아동들과 장애 가정에 대한 공감과 이해는 절대 갖지 못했을 것이다.

'장애'란 한사람이 가진 특별함에 불과하다

'장애'라는 것이 세상에 있다는 건 알았지만, 무관심했다. '장애'라는 타이틀이 나의 삶에 들어오니 세상에 아픈 아이가, 도움이 필요한 곳이 이렇게나 많은지 처음 알게 되었다. 그리고 이 아이들이 교육을 통해 변화하는 모습을 보며 '장애'라는 요소는 한 사람이 가진 특별함일 뿐이지, 아이의 가능성은 무궁무진하다는 것을 알게 되었다.

어쩌면 세상의 모든 소수가 가진 어려움이 '특별함'으로 변화될 수 있을지도 모른다. 꼭 '장애'에 국한된 것이 아니라 다른 이름의 소외되고 있는 그 누군가에게도 말이다.

나는 소외된 이들을 돕고 예술교육으로 행복하게 하고 싶다. 그들의 가능성을 알리고 세상이 가진 편견을 해소하고 싶다. 내 아이뿐만 아니라 다른 장애 아동들, 더 나아가 세상에서 소외당하고 있는 모든 아이가 아무 편견 없이 커나갈 이 세상을 변화시키는 일에 조금은 일조하고 싶다. 우리 아이가 살아갈 세상을, 어떠한 경계선 없이 함께 살아가는 세상으로 바꾸는 일에 엄마이자 한 기업의 대표인 나는 포기하지 않고 끝까지 노력할 것이다. 훗날 아이들에게 자랑스럽게 말할 수 있도록 말이다.

진정한 예술교육이란

23세에 대학을 졸업한 후부터 아이들에게 피아노, 성악, 오카리나 등을 가르치며 음악 강사로 활동했다. 그런데 나에게 배우러 온 아이들의 대다수는 아이들이 원해서가 아니라 부모님이 원해서 음악을 배우러 왔다. 소가 도살장 끌려가듯 아이들이 레슨받으러 오면 억지로 피아노 앞으로 데려다 놓고 음악을 가르치는 것은 어려울뿐더러 성과가 미비해 속상했다. 그래서 나는 아이들이 진짜 좋아하는 음악교육을 만들고 싶었다. 대회에 나가서 1등을 하는 것이 다가 아닌, 예술교육을 통해 아이들이 사회에 대한 정직한 시각을 배우고 정서가 회복되며 행복을 느끼게 만드는 것. 그것이 내가 추구하는 예술교육이다. 그래서 현재 '리드앤씽'의 교육에서만큼은 재능과 실력이 필요 없다. 노래를 못해도 미술을 못해도 상관없다. 그저 예술을 좋아하면 되고 좋아하지 않더라도 함께 참여할 수 있는 열린 마음이면 충분하다. 교육 시간이 마무리되면 우리는 분명 행복하게 변화하기 때문이다.

처음 클래스를 열고 지금까지 여러 아이를 만나왔다. 그 중 '내 아이가 이렇게 컸으면 좋겠다'라며 모델링하고 싶은 아이도 있었고 여러 가지 의미로 나를 힘들게 하는 아이도 있었다.

예술이 마법을 부린 걸까? 아니면 '리드앤씽'의 마법이었던 걸까? 부정적인 반응으로 일관하며 수업 진행이 어려웠던 아이도 몇 번의 적응기를 거치면 남은 수업을 세며 끝나지 않았으면 좋겠다고, 언제 또 시작하는지 끊임없이 물었다. 수업 중 아이의 정서나 행동에 어려움이 보일 때는 어머니들과 소통하며 아이에 대해 진심 어린 이야기들을 나눴더니 위로와 희망으로 눈물짓는 어머니들이 많았다. 아이와 엄마에게 위로가 된 교육은 가정의 모습까지 변화하게 했다. 예술교육을 통해 가정의 분위기를 바꾸고 가족 간의 소통의 통로를 만드는 것. 나는 그것이 예술교육의 진정한 존재 의미라고 생각한다.

교육활동 중에 발견한 이상적인 사회

우리의 교육 대상은 장애 군부터 비장애 군까지 다양하다. 교육활동을 하면서 감동스러운 에피소드가 많았지만, 그 중 장애군 아이들에 대한 이야기를 하지 않을 수 없다.

장애아동이 통합수업에서 교육받기 위해서는, 항상 먼저 타인의 양해를 구해야 한다. 우리 아이가 장애가 있는데 수업을 들어도 되는지 문의해보고 아이가 '잘해낼 수 있다'는 엄청난 어필을 해야 한다. 그렇게 해서 겨우 기관과 선생님의 허락이 떨어지면 그때 비로소 수업에 참여할 수 있다. 수업에 참여하고 나서도 노심초사 걱정과 염려를 떨칠 수 없는 것이 지금까지의 통합수업 참여의 과정이자 절차이다. 덕분에 장애아동의 엄마는 항상 주눅 들어있고 위축 되어있는 태도를 버리기 어렵다. 항상 먼저 양해를 구하고 우리 아이가 잘 할 수 있다는 점을 애써 어필해야 하는 과정을 거치며 평생 '을'로 살 수밖에 없다며 한탄 섞인 소리를 하는 것이다. 나 또한 왜 우리 아빠는 내 이름을 '을정'으로 지어서 평생을 '을'로 살게 할까라며 우스갯소리 섞인 한탄을 했을까?

올해 통합 예술교육의 가치를 실현하고자 했던 '토요문화학교' 공모사업 <작가님이 오십니다>도 마찬가지였다. 광주의 구립도서관과 MOU를 맺고 장소를 제공 받았지만, 이 프로그램을 진행할 때 장애아동과 비장애 아동들이 함께 프로그램을 진행할 것이라는 이야기에 기관 담당자들은 매우 우려를 표했다. 비장애 아동의 부모님이 혹시라도 민원 제기할 경우를 우려해 담당 공무원으로서 예민하게 받아들일 수밖에 없었으리라 생각한다. 그러다 보니 우리 또한 각별히 긴장하고 강의 준비를 철저히 할 수밖에 없었다. 모든 어머니께 우리 프로그램의 의미와 특별함을 설명하고 원하는 분만 들을 수 있도록 했다.

처음부터 우려 섞인 시선으로 시작된 '토요문화학교'의 반응은 어땠을까? 놀랍게도 장애 군, 비장애 군이라는 타이틀 자체에 대한 부정적인 피드백은 전혀 없었다. 아이들이 프로그램을 통해 정서가 어떻게 변화했는지, 얼마나 자존감이 높아졌는지, 아이의 긍정적 변화에 대해 부모로서 느끼는 뿌듯함에 대한 피드백만 있을 뿐이었다. 주최 측인 우리가 편의상 장애 군과 비장애 군으로 나눠 피드백을 정리했지만, 아이들이나 부모님들 사이에서는 애초의 우려와 달리 장애·비장애로 나눌 의미가 없어진 것이다.

토요문화학교 공모사업 <작가님이 오십니다>

나는 이 프로그램을 진행하며 그 안에서 우리 어른들이 지켜야 할 작은 사회를 보았다. 장애를 설명하면서, 우리는 모두 다 '특별함'을 가지고 있는데 '장애' 또한 '특별함' 중 하나일 뿐이라고 설명했다. 그리고 장애를 차별의 대상으로 보지 않고, 차이를 존중하는 태도를 보이자며 동행의 가치를 설명했더니 처음에는 물음표(?)였던 아이들의 반응이 점점 느낌표(!)로 변했다. 다가가기를 두려워하지 않고 함께 하는 것을 즐기기 시작했다. 웃는 일이 많아졌고 프로그램에 오는 날을 기다리고 진심으로 행복해했다. 마지막 회차 수업 때 우리는 작가님 데뷔를 축하하며 북콘서트 파티를 열었다. 그중 장애아동의 부모님이 아이와 끝까지 함께 하려는 우리 팀의 노력이 너무 감사했다며 이 프로그램의 작품을 대대손손 가보로 남기겠다고 하였다.

누군가에게 가보가 될 만큼의 과정과 결과를 선물하는 것. 이것만큼 행복한 일이 또 있을까?

우리 회사 '리드앤씽'의 문지방을 넘는 순간 부모도 아이도 행복할 수 있는 또 다른 완전한 세상의 문을 여는 것. 이것이 바로 우리 회사의 존재 이유다.

세상의 모든
아이를 위한 교육

→

첫 단추는 키트 개발자 섭외부터

리드앤씽을 위해 가장 먼저 한 일은 바로 함께 할 개발팀원을 찾는 것이었다.

2020년, LH 소셜벤처에 선정되어 발달 장애아동을 위한 놀이 키트를 만들겠다고 결심했을 때부터, 최근 출시한 느린 아이들을 위한 또래 관계 맺기 아트 워크북을 개발할 때도, 나 혼자 모든 콘텐츠를 개발한다는 것은 불가능하다는 것을 잘 알고 있었다. 나는 장애아동 부모에 대한 공감하는 마음과 장애아동에 대한 이해도는 있었지만, 그런 것들만으로 키트를 개발하는 것은 분명 한계가 있었다. 내 아이를 누구보다도 잘 알고 제일 좋은 것을 해줄 수 있는 엄마이지만, 세상의 모든 발달 장애아동들이 내 아이와 똑같은 발달 과정을 겪는 것은 아니기 때문이다. 그래서 엄마로서의 공감대는 놓치지 않되, 많은 임상경험과 전문적 실력을 갖춘 치료사 선생님들과 키트를 함께 개발하기를 원했다.

음악과 미술 분야의 치료 선생님을 모시기로 정하고, 내가 평소에 존경하던 분들에게 부탁을 했다. 발달 장애아동 에세이를 쓴 장누리 작가의 《느려도 괜찮아, 빛나는 너니까》라는 책을 읽고, 엄마로서 진한 공감이 갔다. 저자의 SNS를 보았을 때는 미술치료사로서의 자리와 장애아동의 엄마 자리, 그 사이를 너무도 멋있게 오가며 활약하고 있었다. 미술로 아이의 세계를 넓히고 아이의 무한한 가능성에 대해 알리는 모습이 인상적이었다. 우리의 가치와 잘 맞을 것 같아, 장누리 선생님께 발달 장애아동을 위한 키트 개발을 부탁했더니 너무도 흔쾌히 받아주셨다.

음악치료사 선생님 또한 같은 과정을 거쳐 섭외했다. 평소 좋아하던 CCM 가수의 음악을 검색하던 중, 우연히 듣게 된 남진이 선생님의 곡에 반해 '리드앤씽'의 가치를 설명하고, 하고자 하는 일이 무엇인지 이메일을 보냈다. 놀랍게도 남진이 선생님도 우리와 함께 해나가게 될 일을 기뻐하며 흔쾌히 함께 하겠다고 하였다.

현재는 더 다양한 영역의 전문가 선생님들이 자문위원으로 함께 해주고 있다. 처음에는 음악치료사, 미술치료사 선생님과 함께했지만, 현재는 인지 치료사, 심리상담사 선생님까지 확대되었고 또 다른 전문가로는 학습 상담사, 특수교사, 그리고 동요 작곡가 등 다양한 영역의 전문가들이 콘텐츠를 개발 및 자문위원으로 함께 해주고 있다.

본격적인 콘텐츠 개발 전에 공부부터

콘텐츠를 개발할 때 이런 프로세스를 가진다. 내부 회의를 거쳐 1년 중 꼭 개발해야 할 주제를 정하고 그 주제에 맞는 전문가 선생님을 섭외하거나 배치한다. 여러 차례의 회의를 거쳐 콘텐츠 내용을 발전시키고 실물화 한다.

올해 아트 워크북을 출시했을 때는 정식 출시 전 데모 그룹을 선정해 실험해 보고, 부족한 부분을 수정했다. 그렇게 출시한 뒤에 각 공공기관과 가정에 여러 루트로 보급해 왔다.

우리는 교구를 개발하는 것 외에 여러 문화예술 프로그램을 기획하거나 개발하기도 하는데, 프로그램을 기획할 때는 현재 사회 이슈가 무엇인지를 먼저 공부한다. 꾸준히 뉴스를 보고 신문 기사도 읽어야 아는 만큼 아이디어가 떠오른다. 아이디어가 떠오르면 가장 효과적으로 수혜를 입을 프로그램 대상을 정하고(때로는 대상이 정해지고 이슈와 연관 지어 생각하기도 한다.) 사회적 이슈와 더불어 그 대상이 해결해야만 하는 문제에 포커스를 맞추고 각종 논문을 읽고 공부한다. 그리고 해결하고 싶은 문제들을 문화 예술 교육으로 해결할 수 없는지 고민하고 프로그램을 기획한다.

최근 광주광역시를 포함한 전라남도 지방은 기후변화로 인한 극심한 가뭄을 겪고 있는데, 타 지역보다 기후 변화에 따른 위기 상황을 더 민감하게 체감한 일들이 있었다. 섬 지역은 단수가 되기도 했고 광주 지역은 댐 수량 알림이 매일 아침 전송되었다. 시민과 도민들에게 물을 아껴 써주기를 절실하게 호소했다. 광주의 기후 변화로 인해 또 다른 사건이 있었는데, 작년 겨울 갑자기 따뜻해진 날씨로 무등산의 개구리들이 겨울

잠에서 일찍 깨어나게 되었고, 다시 추워지자 개구리들이 동사하게 되어버린 일이 뉴스에 보도되었다. 무등산은 우리나라 국립공원 중 가장 큰 큰산개구리의 서식지다. 개구리가 겨울잠에서 일찍 깨게 되어 동사하게 된 일은 단순히 개구리가 죽었다에서 끝나지 않고, 먹이 사슬의 문제로 생태계 파괴로까지 확대될 수 있다. 그래서 우리는, <내년에도 무등산에서 큰산개구리를 볼 수 있을까?>라는 제목으로 무등산 개구리를 보호하기 위한 개인의 노력을 고민해 보고, 더 나아가 어린 나이에 환경 운동을 시작한 스웨덴의 환경 운동가 '그레타 툰베리'처럼, 세상에 자신의 목소리를 내고 기후변화 해결을 위한 세상의 변화를 촉구하는 메시지를 담은 환경 그림책 제작 및 동요를 만들는 프로그램을 기획하기도 했다. 이런 힘든 세상을 만든 어른들의 반성과 미안함으로, '너희들이 내는

콘텐츠 개발을 위해 스터디중인 리드앤씽 선생님

목소리에 스피커 역할을 해줄게!'라는 우리의 다짐을 담아서 말이다.

이처럼 대상에 대한 충분한 이해와 목적의식이 분명한 기획은 프로그램을 참여하는 참여자들을 놀랍게 변화시킨다. 그래서 철저한 공부를 바탕으로 한 기획이 중요하다.

세상의 아픈 아이들을 위한 예술교육 키트

우리 회사를 소개할 때 느린 아이들의 성장과 모두를 위한 행복을 꿈꾸는 예술융합기업이라 소개하고 있다. 시작은 순전한 나의 경험과 바람에서 출발한 것이었다.

나는 쌍둥이를 출산하고 신생아 중환자실에서 퇴원해 집에 온 그날부터 재활치료를 시작했다. 아침 9시까지 병원으로 출근하여 센터 수업까지 오후 4,5시가 되어야 하루 치료가 끝났다. 그나마 나는 양호한 편에 속했다. 저녁 8시가 되어서도 집에 가지 못하고 센터 치료를 마쳐야 하는 아이들도 있었기 때문이다. 그렇게 세월이 흘러 아이가 4살이 되었고 첫 보톡스 시술을 하기 위해 광주를 떠나 서울의 대학 병원에 입원했다. 우리 아이는 그때까지만 해도 까치발, 안짱다리로 걸었기 때문에 짧아진 근육을 부드럽게 해주는 보톡스 시술이 필요했다. 그 병원에 5주 동안 입원해 있으면서 수많은 장애아동들의 부모를 만나게 되었는데, 한 엄마가 이런 말을 한 적이 있다.

> "전 'ㅇㅇㅇ이 돌아왔다' 프로그램이 싫어요. 특히 세쌍둥이가 나올 때마다 사람들이 감탄하는 것도 별로예요. 세쌍둥이가 얼마나 위험한지, 아니 그걸 떠나서 건강한 아이를 낳기가 얼마나 어려운

일인지 사람들은 모르잖아요. 사람들은 그걸 보면서 '아, 세쌍둥이로 낳아도 다 건강하구나. 잘 사는구나!'라고 생각할 거 아니에요? 근데 아니거든요. 병원에서 쌍둥이만 해도 얼마나 위험하다고 하는데요. 쌍둥이를 떠나서 건강하게 낳는 게 평범한 일이 아니라구요. 그런데 사람들이 왜 모르는지 아세요? 아픈 아이들은 집에서 안 나오거든요. 이 세상에 없는 게 아니라 모르는것 뿐이라니까요."

나 또한 몰랐던 일이다. 세상에 이렇게 아픈 아이들이 많을 줄이야. 사람들이 진짜 모를까? 정말 그 엄마의 말처럼 아픈 아이들은 밖으로 나오지 않기 때문일까?

우리의 콘텐츠, 동요

장애아동들은 비장애 아동들과 동일한 교육 기회가 주어지기 어렵다. 아이의 예술적 능력과 감성을 키우기 위해 가장 쉽게 접하는 피아노, 태권도 학원은 물론 마트 문화센터, 하다못해 그저 놀기 위한 키즈카페조차 사람들의 편견 어린 시선으로 상처받을까 무서워져 가기 어렵다.

그리고 슬프게도 치료비로 이 아이들에게 이미 많은 돈을 쓰기에 더 이상의 기회를 주는 것이 가정의 경제적 부담이 되기도 한다. 그렇기 때문에 치료 이외의 다른 교육의 기회가 주어지기 어려운 것이다.

그래서 우리는 생각했다. 장애아동들을 위한 예술놀이 키트를 만들어보자고 말이다. 처음 그 아이디어는 나의 조그만 발상에서 시작했지만, 함께 개발하는 개발위원들과 아이디어를 확장해 나갔다. 예술교육 전문가, 치료사 선생님과 함께 콘텐츠를 개발했다. 장애아동의 부모로서의 장애에 대한 이해도와 전문가의 눈으로 본 장애아동의 스펙트럼과 특성을 반영하여 교육 콘텐츠들을 개발하면, 이 아이들이 예술을 통해서 놀 기회와 이동하지 않고 교육받을 기회를 큰 비용을 지불하지 않고도 충분히 제공받을 수 있다는 이유에서였다.

리드앤씽의 교육 콘텐츠

우리 회사의 교육 콘텐츠들은 '그림책', '동요', '작품 만들기', 이 세 가지 요소를 바탕으로 한 예술 체험과 활동을 제공하고 있다.

현재 우리나라 그림책은 1980년 대부터 시작된 한국 그림책의 형성기를 거쳐 불과 30년 만에 세계 3대 그림책상 수상은 물론, 2020년 전미도서관협회에서 선정하는 '밀 프레드 배첼더 어워드', 그림책계의 노벨

장애아동을 위한 예술 놀이 키트

상이라 불리는 '아스트리드 린드그렌상'까지 석권했다. 어른들을 위한 그림책 출판, 강좌를 통한 다양한 그림책 교육이 이루어지고 있으며, 그림책을 치료의 수단으로도 활용하고 있다. 우리는 치료 목적이 아닌 교육에 목적을 두고 콘텐츠를 개발한다. 장애아동이 가진 어려움들을 파악하여 그림책을 통해 정서 치료와 어휘교육 등이 가능하다는 것에 집중하여, 동요 부르기로 말하기 능력 향상과 스트레스를 해소하게 한다. 또한 작품 만들기를 통한 성취감 증진, 소근육 발달 등의 장점들을 융합한 콘텐츠들을 개발했다.

하지만 우리의 주 고객이 꼭 장애아동들에게만 국한된 것은 아니다. 비장애 아동들의 세계관의 확장과 감정교육, 인권 교육 등을 위한 교육 콘텐츠도 개발하여 활발히 사용 중에 있으며 작년(2022년)에 출시한 또래 관계 맺기 향상을 위한 아트 워크북 <너랑 나랑 친구 할래>도 처음에는 입학 후 또래 관계 맺기가 어려운 느린 학습자 및 발달 장애아동들을 주 타겟으로 놓고 개발하였지만, 비장애 아동들 또한 즐겁게 교육 활동을 하고 있다.

우리 교육 콘텐츠는 36개월 유아부터 초등학교 6학년까지의 아이들이 이용할 수 있도록 연령별로 다양한 활동들을 개발했다. 그리고 올해는 대상이 확대되어 중·고등학생의 장애 청소년에게도 프로그램이 진행되고 있다. 또 장애, 비장애 아동 뿐만 아니라 정서적 어려움을 가진 아동 학대 피해 아이들에게도 우리 회사의 놀이 키트가 사용되고 있다. 피해 진술 및 정서 치료를 위한 도구로 우리 회사의 놀이 키트가 상담자와 아동간의 원활한 상담을 위한 매개체로 사용되고 있으며, 아동학대 예방 교육, 인권 교육에도 사용되고 있다.

감사하게도 2022년엔, 전국 아동보호기관을 대상으로 한 우수사례로 우리 회사의 놀이 키트가 선정되어 전시된 바 있다.

아이들의 잠재된 가능성을 보다

우리 회사의 교육 콘텐츠는 온라인 수업부터 공공도서관, 지역아동센터, 초등학교 오프라인 수업에서 활용된다. 그중 전라남도 담양의 초등학교 특수반에서 우리의 교육 프로그램과 키트로 수업을 진행한 적이 있었다. 특수반의 아이들은 저마다 각자의 특별함이 있는데, 이 아이들은 지적장애, 자폐 스펙트럼 등의 발달장애로 보이는 아이들이 다수였다. 그중 한 남자 아이는 인지능력저하뿐만 아니라 분노조절장애로 상담 치료를 진행한 적이 있었고 또 다른 아이들은 장애의 특성을 떠나 처음 우리의 수업을 접할 때 아예 무관심하거나 부정적인 반응을 보이는 아이들도 있었다. 그런데 이 아이들이 놀랍게도 함께 동요를 부를 때면 손을 까딱거리면서 즐거움을 표현하고 나중에는 소리를 내어 노래하고 신나게 율동을 따라 하며 프로그램을 온전히 즐기기 시작했다. 심지어 수업이 끝난 후에도 혼자 놀며 동요를 부르는 경우가 많다고 한다. 프로그램이 끝난 이후에도 특수교사 선생님에게 동요를 틀어달라고 아이들이 계속 요구해서 하루 종일 동요 재생하느라 바쁘다며 웃으셨다. 특수교사 선생님에 의하면, 우리의 교육으로 인해 아이들의 웃는 모습이 늘어나고 행복해한다며, 아이들의 입에서 하루 종일 노랫소리가 들리니 아이들을 바라볼 때 더 예뻐 보인다고 하였다. 그림책을 읽을 때는 또 얼마나 집중을 잘하는지 그림책의 대사를 외우고, 선생님이 읽는 톤대로 따라 해 보는 등 아이들의 반응이 재미있다고 하였다. 그 과정을 통해 아이들은 어휘를 배우고, 같은 표현도 다르게 말할 수 있다는 것들을 배워나갔다. 그림책을 통해 아이들의 생각을 끌어낼 때는 나 또한 우리 아이들이 이렇게 표현할 수 있고 말할 수 있다는 것에 대해 놀랄 때가 한두 번이 아니었다. 프로그램 종결 때는 담당 선생님들이 아이들이 이렇게 폭발적으로 반응하고 참여하는 모습을 보이는 게 처음이었다며, 아이들의 잠재된 가능성을 알게 되었다고 말하였다.

지역 아동센터에서 프로그램을 진행했을 때였다. '외로움'을 주제로 그림책을 읽고 동요를 부르며 수업을 진행했다. 그러자 한 초등학교 5학년 아이가 자신의 이야기를 하기 시작했다. 아이의 부모님이 한 차례 이혼

리드앤씽의 예술교육 키트 <행복해 빛나는 너니까>(상), <너랑 나랑 친구할래?>(하)

위기를 겪었다가, 엄마가 아픈 후로 위기를 극복하시고 다시 가족이 함께 살게 되었다. 그 과정에서 혼란스러움도 있었을 법한데, 다행히 아이는 매우 밝고 활발한 성격을 가지고 있었다. 언제 외로움을 느끼냐는 나의 질문에 아이는 손을 들어 마음 안의 이야기를 솔직히 꺼내놓았다. 엄마가 아프다는 걸 알고 있지만, 자신도 엄마와 함께 놀고 싶은 마음이 채워지지 않을 때 외로움을 느낀다고 했다. 상황은 너무나도 이해하지만, 아이 안의 놀이 욕구가 다 채워지지 않아 외로움을 느끼는 것이 아픈 엄마에게 죄책감이 든다며 아이는 눈물을 흘렸다. 우리는 아이의 이야기를 끝까지 듣고 선생님 본인의 경험을 이야기하며 어른이 되어도 그런 적이 있다고, 너는 아이라서 당연한 거라고 충분한 공감과 함께 아이를 위로했다. 마지막으로 감정 인형을 채색하는 과정에서 자신의 행복했던 기억을 떠올려 보라고 했다. 아이는 엄마와 온 가족이 함께했던 행복한 기억을 이야기했다. 그리고 그러한 추억을 떠올리며 만든 감정 인형을 외로울 때마다 품에 안겠다며 환한 미소와 함께 수업을 마무리했다. 상처받은 마음이 회복되고 아이들의 성장을 돕겠다는 우리만의 가치가 또 한 번 빛나는 순간이었다.

세상의 모든 아이를 위한 교육

그렇다면 우리 회사 '리드앤씽'의 페르소나는 누구일까? 장애아동들일까? 아니다. 세상의 모든 아이다. 예술로 세상에 대한 올바른 시각을 교육하고 싶거나 각자의 특별함과 어려움을 예술교육으로 돕고 싶은 분들이 우리의 고객이다. 발달의 차이를 뛰어넘어 장애든 비장애든 상관없이 모든 아이가 우리 회사의 문지방을 밟으면 예술로 놀고 교육받으며 선한 가치를 지켜내는 노력을 돕는 것, 정서적인 어려움을 회복하고 극복하며 행복한 삶을 사는 것, 그것이 우리 회사의 비전이자 그려나가는 가장 이상적인 모습이다.

오늘도 어딘가에서 하나라도 더 상을 타기 위해, 결과를 내기 위한 예술 교육이 아닌 아이들의 마음에 집중하고 아이들만이 가진 순수한 마음과 선한 웃음에 집중하며 교육하고 싶다.

그 마음이 모두에게 전해지리라 믿는다.

나의 원동력,
고객과 아이들

→

양극을 오가는 삶

"와, 진짜 대단하시네요!!"

아들 쌍둥이의 엄마이자 대표로서의 나의 삶을 이야기하면 모두가 정말 대단하다고 말한다. 창조적인 일을 한다고 부러워하는 사람도 있고 육아하면서 회사 경영까지 한다니 어떻게 그 일들을 다 해나가는지 놀라워하는 사람들도 있다.

사실, 현실을 말하자면 항상 열정과 번 아웃, 양극을 오가는 중이다. 어느 날은 집에 들어가기 싫을 정도로 일에 매진해서 '조금만 더'를 외치다가도, 어느 날은 모니터 앞에만 앉아도 '땅으로 꺼지고 싶다'라는 생각으로 정녕 피할 방법이 없는지, 도망갈 방법이 없는지에 대해 고민하다가 한숨 한번 푹 쉬고 끌려가듯이 겨우 일을 시작하는 날도 있다. 아직은 거둬들이는 것보다 들어가는 것이 더 많은 초기 스타트업인지라, 열매를 맺는 기쁨을 얻기까지 지치지 않는 것이 관건인데 어찌 지치지 않을 수 있겠는가.

사업은 사업대로, 엄마와 아내 역할로도 온·오프 스위치를 바꿔가며 어느 자리 하나 소홀할 수 없으니 지칠 수밖에 없다. 하지만 그때마다 나의 과거 모습을 떠올리곤 한다.

가장 부러웠던 삶을 이루다

쌍둥이를 출산하고 육아하며 가장 부러웠던 사람은 출근하는 여성들이었다. 아침 8시에 베란다에 나가보면 화장하고 종종걸음으로 바쁘게 출근하는 여성들이 그렇게 부러웠다.

'저 여자들은 자기 이름으로 존재할 수 있는 곳이 있구나.'

반면 나는 늘 아이들과 부대껴야 하니 화장은 꿈도 꿀 수 없었고, 펑퍼짐한 옷에 다크서클은 턱밑까지 내려온 부스스한 나의 모습이 초라하게만 느껴졌다. 나도 언젠가 다시 화장하고 일하러 나갈 수 있을까 싶었다. 내 이름이 다시 불릴 곳이 세상 어딘가에 있기나 한 건지, 그때는 아무런 확신도 없었다.

기적적으로 다시 사회에 복귀하고 나만의 아이템으로 창업하게 되었다. 세상 어딘가에 나의 자리가 생기고 그렇게 바라왔던 출근하는 나날이 이루어졌다. 예쁘게 화장하고 출근하는 일? 기대만큼 아름답진 않지만(사실, 너무 바빠서 머리도 못 감고 출근하는 날도 많다.), 누군가가 나를 이름으로 불러주는 이가 있다는 것이 참 감사했다. 창업하고 쭉 1인 기업으로 일하다가 직원과 여러 프리랜서 강사가 회사에 소속되는 날이 왔다. 올해 2023년, 법인을 세웠고 내년은 예비사회적기업 진입을 목표로 하며 여러 가지 교육사업과 콘텐츠 개발 및 판매에 힘쓰고 있다.

그렇게 바라왔던 일인데 당연히 기뻐야지, 행복해야 한다고 생각하기도 하지만 여기까지 성장하는데 기쁜 일만 있던 것은 아니었다. 힘든 고비가 셀 수 없이 많았다. 백 번이고 이제 그만해야지, 힘에 부친다며 눈물짓는 날이 많았다. 그럼 그만두지 왜 계속하냐고 묻는다면, 나는 우리 회사 '리드앤씽'이 아닌 다른 일은 상상조차 할 수 없다라고 대답하겠다. 우리 회사만 생각하면 가슴이 뛰고 미소가 지어진다. 생각처럼 성과가 나지 않고 지칠 때는 폐업을 고려하기도 하지만 곧 고개를 저을 뿐이다. 왜냐하면 현장을 통해 만나는 엄마와 아이들이 우리의 교육과 상담에 위로받고 편안하게 웃는 모습을 보면 마음이 너무나도 뿌듯하기 때문이다. 어떤 성과와 기쁨과도 바꿀 수 없는 일이다.

여성 창업가 정신, 아니 엄마 창업가 정신?

굳이 창업가를 여성, 남성으로 나누는 게 큰 의미가 있을까?
내가 느끼기에는 여성 대표로서, 또한 일하는 여성으로서 쉽지 않은 현실은 존재하는 것 같다. 우리에게는 '대표'라는 직함으로 끝나지 않는 여러 직분이 있기 때문이다. 내조를 바라는 누군가의 아내이기도 하고, 아직 케어가 필요한 아이의 엄마이기도 하다. 그래서 사업에 투자하는 시간과 가정에 투자하는 시간의 분배를 잘하지 않으면 어디선가 구멍이 생겨, 더 큰 문제를 만들기도 한다. 그러다 보면, 어느 한 곳에 올인하지 못하는 내가 처한 상황이 원망스럽기도 하고, 여자라서 남자들처럼 마음대로 못 한다는, 마치 정당해 보이는 핑계가 생기기도 한다.

나의 경우, 아직은 손이 많이 필요한 아이들이 사업을 하는 데 있어서 어려움으로 작용했다. 매일 재활 치료를 가야만 했고, 저녁 시간은 아이들 케어로 바빴다. 또 때때로 이벤트처럼 아이들이 아플 때마다 모든 일을 멈출 수밖에 없었다. 엄마로서 아이들을 잘 키우고 싶은데 내가 과연 잘 하고 있는지에 대한 회의와, 그 반면 나와 우리 회사는 성장하고 있는지 의심스러울 때가 많았다. 일하는 엄마로서 육아 공백을 없애기 위해 노력했고, 대표로서 회사가 성장할 수 있도록 열심히 노력하지만, 다른 대표들의 노력에 비해서 항상 부족한 것처럼 느껴졌다. 같은 시기에 사업을 시작한 다른 대표들의 눈부신 성장에 위축되기도 했다.

사업을 하다 보면 기업의 성장을 위한 선택의 시간이 오는데, 그때마다 아이들 때문에 쉽사리 선택하지 못하는 경우가 많았다. 일하면서 아이들 케어를 남편과 부모님께 자주 맡기게 되면서, 남편에게는 누가 뭐라하지 않아도 나 스스로 눈치가 보였고, 그로 인한 매출과 성장에 대한 압박은 커졌으며, 다른 대표의 성과와 비교하며 나 자신을 혹독하게 몰아치기도 했다. 나를 상처 내고 아프게 했다. 그러다보니 진짜 몸이 아프기도 했다. 스트레스성 위염이 심해져서, 가만히 있어도 멀미가 나는 것처럼 메슥거려 일상생활에 지장을 주기도 했다. 매일 약을 달고 살고, 연달아 사흘을 응급실에 가다가, 나흘째 되던 날 대학병원 응급실에 가서야 뭔가 단단히 잘못되어 감을 느꼈다. 그러면서 내가 여성이고 엄마라서 이렇게 치열하게 일하는 것 같아 억울했다.

그러나 생각해 보자. 내가 엄마가 아니라면 이렇게까지 열심히 일할 수 있었을까?

결혼 전 나의 별명은 '잠만보'였다. 게을렀고 잉여 인간으로 살고 싶다며 노래를 부르곤 했다. 누가 등 떠밀기 전까지는 변화와 새로운 도전을 기피했으며, 그저 안정과 편안함을 추구하며 살았다. 그러다 결혼하고 출산한 후로는, 이전과는 다르게 떠밀려서가 아닌 주도적인 나의 결정으로 창업하게 되었다. 육아하랴, 살림하랴, 시간이 부족하니 모두가 잠든 새벽에 일어나 일하기 시작했다. 싱글 시절 땐 꿈도 못 꾸던 일이다. 그 시절엔 새벽이라는 시간이 있는지조차 몰랐다. 차라리 늦게 자는 게 낫지 날마다 일찍 일어나서 무언가를 한다는 게 말이 안 된다고 생각했다. 그런데 '엄마'라는 자리가 사람을 변하게 하더라. 결혼하기 전에는 이런 나를 상상이나 했을까? 나를 낳은 엄마도 놀랐다는데 뭐, 할 말 다 했다.

여성이라서 발목 잡힌 것이 아니라, 여성이라서 더 간절해졌는지도 모르겠다. 공감 능력이 뛰어난 여성이라서 고객의 어려움에 진심으로 더 공감하고, 해결하기 위해 노력한다. 엄마이기 때문에 아이를 위한 일에 더 간절하게 매달렸는지도 모르겠다. 이건 여성이자 엄마라서 가질 수 있는 창업가 마인드가 아닐까?

나의 롤 모델

나에게 엄청난 영감을 준 여성창업가 롤 모델이 있다. 바로 '토도수학 Todo math'을 만든 '에누마'기업의 이수인 대표이다. 그녀는 평범한 나와는 다르게, 엘리트의 삶을 살다가 조산으로 인해 장애를 가진 아이를 출산하면서 행복하기 위해 쌓아왔던 엘리트의 삶이 아픈 아이 앞에 그 어떤 것도 작용할 수 없게 됨을 알고 절망했다고 한다. 신생아 집중 치료실에서 만난 의사선생님이 무슨 일을 했었냐는 질문에 게임 디자이너였다고 대답하니 "Fantastic!"이라는 대답을 들었다고 한다. 아이들에게 해줄 수 있는 일이 얼마나 많은지 아냐면서.

그 이후로 장애를 가진 아이들을 위한 교육용 어플 등을 개발하다가 남편과 함께 '에누마'라는 기업을 창업했다. 학습이 어려운 아이들에게 최고의 디지털 도구를 만든다는 비전 아래 지금까지 위대한 일들을 해내고 있다.

그녀와 나는 사업의 시발점이 비슷하다. 장애를 가진 자녀 덕분에 특수교육 시장에 들어가게 되었고, 많은 돈을 버는 것이 목표가 아닌 세상의 선한 변화에 무게를 더 싣는다. 그녀 또한 실리콘밸리에서 스타트업의 대표로 창업했을 때, 동양인 여성 사업가라서 믿지 못하는 투자자들이 많았다고 한다. 대표가 너라면 투자할 수 없다는 부정적인 피드백을 듣거나, 대표를 교체하면 투자를 하겠다는 노골적인 요구도 있었다고 한다. 그럴 때는 사람인지라 어쩔 수 없이 자존감이 낮아질 수밖에 없었다고 했다. 그런데도 불구하고 아이를 위해 포기하지 않고 선한 가치를 지키려는 노력 덕분에 일론 머스크가 후원한 '엑스프라이즈'에서 대상을 받아 50억 원의 상금을 받았다. 애플 앱 스토어에서도 '토도수학'이 교육 어플 다운로드 1위를 기록하며 명실상부한 교육 스타트업으로 성장하고 많은 창업가들에게 영감을 주는 여성이 되었다. 그녀는 동양인이라서, 여성이라서 안 된다는 이야기에 정면으로 돌파하는 길을 걸었다. 상황에 주저앉지 않고 전투력을 불태웠던 것이다.

나도 그녀처럼 정면 돌파해보리라 마음먹어 본다.

우리의 미션, 아이들의 '어여쁨'을 알리는 것

장애아동을 만나는 교육 현장에서 가끔 이런 생각이 든다.

'만약 내가 이 일을 하지 않았다면, 우리 아이들이 이렇게 어여쁜 아이들인지, 그들의 가능성이 무궁무진하다는 것을 알 수 있었을까?' 하는 생각 말이다.

지난가을, 한 초등학교의 특수 반에 우리의 키트와 교육 프로그램으로 8주 동안 수업을 진행한 적이 있었다. 장애의 정도가 꽤 심해 소통이 어려운 아이도 있었고, 경계성 정도의 학습 어려움을 보이는 아이도 있었다. 그런데 그 아이 중 발달장애 5학년 남자아이를 경계성 지능의 느린 학습자 3학년 아이 두 명이 만만하게 보고 놀리는 일이 잦았다. 담당 선생님도 즉시 놀린 아이들에게 사과와 행동 교정을 요구하였지만 좀처럼 나아지지 않아 고민이라고 하였다. 나 또한 수업 시간 동안 아이들을 제지하며 진행하느라 진땀을 뺐고, 5학년 아이가 상처받지 않을까 염려도 되었다.

문제는 쉬는 시간에 일어났다. 그 때도 아이들이 놀리는 일이 발생하자

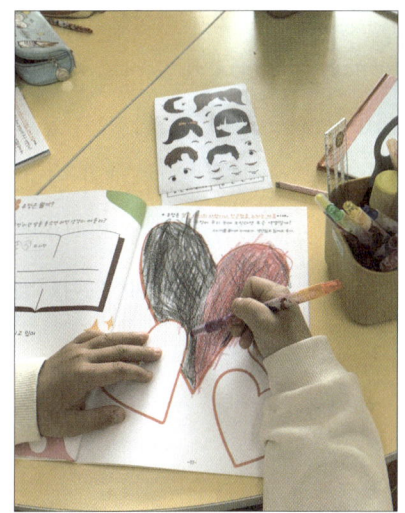

아이들이 리드앤씽이 개발한 아트 워크북을 하는 모습

5학년 남자아이가 드디어 참다 참다 터진 것이다. 동생들이 자기를 놀리는 것이 억울하고 속상해 눈물 섞인 고함을 지르며 3학년 남자아이들에게 다가갔다. 그때 나는 깜짝 놀라 5학년 아이가 3학년 아이들을 때릴까봐 제지하려고 다가갔더니, 5학년 남자아이가 눈물을 흘리며 주머니에서 초콜릿 과자를 꺼내 아이들에게 내밀며 큰 소리로 얘기했다.

"자! 이거 먹고 이제 형 놀리지 마. 알겠지?"

쭈뼛쭈뼛 형이 준 과자를 받아 든 3학년 아이는 선생님에게 안겨 눈물을 흘렸다. 말하지 않았지만 미안함, 반성, 고마움 등이 뒤섞인 마음이었을 것으로 생각한다. 그리고 나 또한 왈칵 눈물이 났다. 이런 따뜻한 마음과 생각이 이 아이들에게 있으리라고 누가 생각했을까? 비장애 아동들이 장애아동들을 바라볼 때 항상 불쌍한 시선으로 먼저 바라본다.

그런데 우리의 기준으로 '정상'이라고 불리는 어른조차 상상도 하지 못한 따뜻한 마음을 우리 아이들이 가지고 있다. 5학년 형의 마음이 우리가 살아가는 사회의 일상이 된다면 얼마나 세상은 아름다워질까? 우리가 살아가는 세상에서 눈에 보이는 '장애'로 아이들을 판단하지 않고, 아이들의 빛나는 마음이 더 드러나면 얼마나 좋을까? 이런 우리 아이들의 '어여쁨'을 알리는 게 나의 미션이라고 생각한다. 우리 회사 '리드앤씽'이 해 나가야 할 일 중 하나다.

우리의 프라이드

우리 회사 '리드앤씽'이 가진 프라이드가 무엇일까 생각해 본다.

첫째, 우리는 우리를 필요로 하는 대상을 가리지 않는다. 고객을 위해 언제든 맞춤형으로 기획하고, 목적과 목표를 분명하게 하여 프로그램의 참여 대상들을 긍정적으로 변화시키기 위한 연구를 게을리하지 않는다. 예를 들어, 장애아동을 대상으로 한 프로그램을 기획할 때는 주 강사와 보조 강사를 그룹 지어 스터디 모임을 진행한다. 특수교사 선생님과 치료사들을 초빙해 특수교육 대상의 아이들에 대한 이해와 프로그램 진행의 유의사항을 공유하기 위해 스터디 모임을 이어간다. 스터디 모임은, 모든 프로그램의 진행에 앞서 우리가 꼭 해야만 하는 일로 인식하며 지키고 있다.

둘째, 우리는 대상에 대해 분명히 이해하고 그들에게 진심으로 공감한다. 그 과정이 없이는 프로그램을 기획하지도 진행하지도 않는다. 그 다름이 우리 회사가 다른 곳들과 달리 따뜻함을 가진 곳이라고 평가받

담주 초등학교에서 수업하는 모습

이유일 것이다. 나는 이 따뜻함을 지키고 싶다. 그것이 우리의 프라이드이자 다름이기 때문이다.

선한 교육을 제공하는 교육가이자 사업가

어떤 사람이 되고 싶은지 나 스스로 질문한다.

나는 유머가 있고 여유로우며 누군가에게 영감을 주는 사람이 되고 싶다. 매일 만나는 학부모에게 입시 위주의 교육 체계와 공포 마케팅으로 학부모들을 겁먹게 하는 게 아니라, 그들에게 진심의 마음으로 위로와 희망의 메시지를 건네며 아이들에게는 행복과 성장을 위한 선한 교육을 제공하는 교육가이자 사업가가 되고 싶다. 그 일은 내가 여성이자 엄마라서 꿈꾸는 일이다.

비관적인 상황에 집중하지 않고 누구도 원망하지 않고 내가 현재 할 수 있는 일과 해야만 하는 일에 집중하려고 애쓴다. 그러다 보면 언젠가 우리만의 강점을 가진 예술교육 기업으로 성장하리라 믿는다. 그게 내가 꿈꾸는 미래다. 그렇게 꿈을 바라보며 오늘을 버텨나갈 힘을 얻고 한 발짝 나아간다.

장애아동 교육 시장으로도 영리기업이 될 수 있을까?

세상의 문제를 찾고 그 문제의 솔루션을 제공하는 것이 기업의 시작일 것이다. 그 시작이 바탕이 되어 세상의 선한 변화에 동참하고자 하는 우리 회사의 비전이 있다. 느린 아이들의 성장과 모두의 행복을 위한 예술교육 기업이 되는 것이 우리의 비전이다.

우리 회사는 비록 느리게 성장하고 있지만, 나는 우리 회사를 영리기업으로서도 꼭 성공시키고 싶다. 누군가는 장애아동을 대상으로 하는 사업이라 비즈니스 모델이 나올 수 없다고 말한다. 특수한 소수를 대상으로 한 사업이 어떻게 영리기업으로 성장할 수 있겠냐는 말이다. 냉정히 보면 맞는 말일 수 있다. 그런데 나는 그 맞는 말을 깨부수고 싶다. 누구나 쉽게 할 수 없는 일이기에, 해냈을 때의 가치는 그 무엇보다도 값질 것이다. 장애아동의 교육 시장도 충분한 시장 가능성이 있으며, 장애아동과 비장애 아동의 경계를 넘어서 모두가 함께 할 수 있는 교육모델이 바로 여기 있다고 말하고 싶다. 그러기 위해 나는 회사와 함께 끝까지 달릴 것이다.

나의 원동력, 나의 아이들

 내 사업의 원동력이 되어주는 것은 고객들과 나의 아이들이다.

나는 내 아들 때문에 이 사업을 시작했기에, 회사와 내 아들은 뗄 수 없는 관계이다. 나의 원동력은 우리 회사의 교육을 받아 변화된 아이들과 부모의 모습을 바라보는 것이기도 하지만, 내 아들이 사업의 이유이자 원동력이기도 하다.

아들에게 보여주고 싶은 멋진 엄마의 삶은 무엇일까?

잘 정돈된 집, 맛있는 집밥, 엄마가 필요한 자리에 언제나 함께할 수 있는 시간. 맞다. 모두 내가 주고 싶은 것들이다. 하지만 나는 그 무엇보다도 가장 중요한 엄마의 자리와 나 '조을정'으로서의 자리를 놓지 않았다고 말하고 싶다. 이 두 역할을 병행하기 위해 수많은 고비들을 넘기며 참고 견디며 달려왔다고 말이다.

부모로서 우리 아이들에게 보여주고 싶은 엄마의 모습은, 삶을 대할 때 치열하게 노력하고 하나를 얻기 위해 누구보다 애써 땀나게 달렸던 삶의 태도를 유산으로 물려주고 싶다. 그러기 위해선 내 아이들이 장성할 때까지 '리드앤씽'이 시장에서 우뚝 서서 살아 남아있길 바란다.

낭만적인 사업가

교육 프로그램과 교구 개발, 앞으로의 계획

우리가 지금까지 개발한 '리드앤씽'의 콘텐츠는 크게 두 가지로 나뉠 수 있는데 첫 번째는 교육 프로그램 <책과 함께 랄랄라>, <작가님이 오십니다>, <내년에도 무등산 큰산개구리를 볼 수 있을까?> 등 이고, 두 번째는 교구(놀이 키트, 아트 워크북)가 있다. 이러한 교육 프로그램과 교구는 B2B, B2C로 판매되는데 스마트스토어나 크라우드 펀딩을 통해 소비자가 직접 구매하여 가정 혹은 기관에서 사용해 볼 수 있도록 하거나 국가 보조사업 혹은 공공기관(초등학교, 공공도서관, 지역아동센터, 전문기관) 등에 납품하는 형태로 콘텐츠를 사용할 수 있도록 한다.

개발 프로그램을 바탕으로 교육활동을 할 때는 기관으로 파견 나가게 되는데, 우리 회사의 소속 프리랜서 강사들이 강의 활동을 하게 된다. 현재 소속 강사들은 모두 예술(음악, 미술) 전공이며, 주 강사 선생님은 석사 이상의 경력을 가지고 있다.

우리 회사는 공공도서관에서의 강의 활동을 첫 시작으로 교육 콘텐츠 개발, 교육 대상을 장애, 비장애 아동들로 순차적 확대 편성했다. 또한 교육 프로그램뿐만 아니라 여러 교구를 개발하기 시작했다. 내년에는 교육 콘텐츠을 비롯하여 공연예술 콘텐츠 또한 개발 예정이다.

오프라인 강의 공간 확대

올해 우리는 공간에 대한 이슈로 많은 고민을 했다. 현재 우리 회사는 사무공간은 있지만 별도의 교육 공간은 없다. 의뢰주신 기관에 파견형태로 교육활동을 하고 있다. 하지만 우리 회사의 교육 콘텐츠를 더 다양하게 발전시키고 소비자에게 선보이기 위해서는 오프라인 공간을 만들어야겠다는 필요성이 대두됐다. 그래서 2024년에는 우리만의 교육공간을 오픈할 예정이다. 그 곳에서 4세부터 초등학교 6학년까지의 아이들을 대상으로 정규강좌와 원데이클래스를 열 예정이며 엄마들을 위한 힐링 클래스, 노년층을 대상으로 자서전 그림책 사업이 이루어질 예정이다. 다양한 프로그램과 대상으로 이 공간 안에서 예술로 놀고 교육하고 행복해지기 위한 시도를 용기 있게 도전해 볼 생각이다.

3년 후 우리 회사는

3년 후의 우리 회사는 어떤 모습일까? 어떻게 성장할까?

사업하면서 좌절하기도 하고, 왜 이리 사업이 어렵나 생각하며 마음이 힘들 때는 남편과 맥주 한잔 기울이며 위로받는다. 그럴 때마다 "자기야! 나에게 5년만 줘. 아주 멋지게 성장할 테니까!!" 호언장담하곤 했는데 이제 그 데드라인도 얼마 안 남았다.

3년 후 우리는 지금보다 더 다양한 주제의 콘텐츠를 개발할 것이다. 보다 큰 영향력을 가지게 된다면, 현재 공공교육에서 이루어지는 천편일률적인 문답식 교육이나 평면적 교육들이 우리 회사의 예술 콘텐츠들로 대체될 수 있지 않을까 감히 기대해 본다. 인권 교육, 장애 인식 개선 등의 교육 주제들이 아이들에게 더욱 효과적으로 전달될 수 있는 교육법으로 인정받아 우리 회사의 프로그램들이 사용될 수 있을 거라 기대한다.

우리 회사 '리드앤씽'과 기업과의 협업은 어떨까? 우리의 가치가 사기업들과의 협업으로 인해 CSR*이나 새로운 제품들로 더 많은 사람에게 선한 변화를 끌어낼 수 있다면? 그것 또한 멋진 일이 아닐 수 없다. 3년 후에는 이룰 수 있으리라 믿어본다.

현재는 광주, 전남 기반의 예술교육 기업이지만 3년 후에는 전국에서 우리의 교육 콘텐츠들을 만날 수 있지 않을까? 2020년에 창업하여 광주에서 전라남도까지 교육 출강기관들을 확장해왔다.

CSR Corporate Social Responsibility 기업의 사회적 책임

내년에는 전라북도에 지사를 세우고 전라북도의 공공기관까지 출강기관들을 확장할 예정이다. 이런 기세로 확장하다보면 3년 후에는 각 지역에 지사를 세우고 전국에서 우리 회사의 콘텐츠들을 접할 수 있는 출강기관과 오프라인 센터들이 생겨나지 않을까 기대한다. 우리의 콘텐츠들이 전국 어디에서나 사용되고 장애·비장애 아이들 모두가 사회 안에서 소외당하는 이 없이 누구나 우리의 교육으로 행복해지고 성장하기를 꿈꾼다.

목표금액보다 300% 펀딩 초과달성 하다

2021년 키트를 출시했을 때는 우리의 프로그램 사용처가 기관들에 한정되어 있었기 때문에, 특별한 마케팅은 하지 않았다. 그저 남들이 다하는 공식 블로그나 인스타그램 계정들을 개설하고 기관 고객의 리뷰를 포스팅하는 게 전부였다.

2022년 느린 학습자와 발달 장애아동을 대상으로 한 또래 관계 맺기 워크북 《너랑 나랑 친구 할래?》가 출시되었을 때는 펀딩과 바이럴 마케팅을 기획 및 진행해 줄 업체를 선정했다. 그때까지 회사의 업무를 나와 사무 보조, 두 사람만 감당하고 있었기에 외부 인력의 필요성을 절실히 느꼈다. 홍보, 마케팅은 경험이 부족했기 때문에 마케팅은 내부 인력이 아닌 전문가에게 맡겨야 한다고 생각했다. 그래서 믿을만한 마케팅 업체와 계약해서 아트 워크북 출시시기에 맞춰 크라우드 펀딩과 바이럴 마케팅을 위한 홍보 기사를 내고 맘까페 체험단 모집, SNS 팔로우 이벤트를 진행했다. 전문가들과 함께 마케팅을 진행하다 보니, 홍보 키워드 선정부터 효과적인 이벤트 방법 등 많은 것을 배울 수 있었고, 에너지 소진 없이 많은 결과물을 낼 수 있었다. 출시에 맞춰 40군데에서 아트 워크북 출시 기사가 나갔고 느린 아이 까페 및 육아 맘까페 총 세 곳에 40명의 체험단을 선정하여 인스타 및 블로그에 사용 후기를 포스팅했다.

아트 워크북의 많은 사용 후기 덕분에 출시 후 크라우드 펀딩은 목표금액보다 300%가 넘은 펀딩 성공으로 성황리에 마무리됐다.

올해 펀딩 기획회사와 콜라보한 워크북을 타 플랫폼(네이버 해피빈, 와디즈 등)에 크라우드 펀딩을 계획하고 있고, 쿠팡 입점과 네이버 스마트스토어 등 B2C 판매가 진행될 예정이다.

낭만적인 사업가

사업 연차가 조금씩 쌓이다 보니 같은 분야 업계에 종사하는 분들과 좋은 관계를 맺고 협업을 제안해 주는 사람들이 많아졌다. 내가 몰랐던 분야를 알려주면서 잘 맞을 것 같다며 지원해 보라며 권유해 주기도 하고 협업 제안을 해주기도 했다. 이전에 함께한 공공기관 거래처에서는 더 좋은 조건으로 재의뢰해 주기도 하고 새로운 거래처를 연결해 주면서 우리 회사는 조금씩 성장해 나갔다. 그러면서 나는 결론을 내리게 되었다. 나는 아직 '낭만적인 사업가'인 모양이라고.

기업경영의 본질은 시장혁신을 주도하고 경쟁력 있는 상품을 개발해 소비자를 만족시키며 최대의 이윤을 창출하는 것이겠지만, 나는 그 무엇보다 사람과 관계를 최우선 순위에 놓고 경영했던 것 같다. '리드앤씽'

의 강사들, 직원들, 우리 회사를 거쳐 가는 모든 사람의 노고를 값없이 받으려 하지 않고, 항상 그들의 편에서 내 것을 손해 보더라도 정당한 대가를 지불하고 좋은 관계를 유지하려 애썼다. 오늘은 내가 손해 보지만 내일은 분명 더 큰 행운이 되어 나에게 돌아올 것이라 믿으며 말이다. 이해득실을 따져가며 사업체를 운영하는 것은 기본일 것이다. 당연한 이야기다. 그러나 그것만으로는 회사가 살아남을 수는 없다. 왜냐하면 이 모든 일의 사소한 일 하나까지도 다 사람이 하는 일이기 때문이다.

사업을 의뢰한 기관과의 관계, 다른 기업의 대표들과의 관계 또한 같은 선상에서 생각해 볼 수 있다. 단순히 영업을 위해, 뭔가 더 얻으려는 뻔한 수작이 아닌, 진심으로 감사함과 배우는 자세로 겸손히 대했다.

자신감과 거만함은 아주 큰 차이다. 비즈니스에 있어서 거만함과 허풍, 허세는 우리 회사와는 어울리지 않는 일이라고 생각한다. 회사의 비전과 우리가 개발한 모든 콘텐츠에 대해서는 건강한 자신감과 자부심이 있지만, 타인의 조언과 가르침에 있어서는 흘려듣지 않고 겸손하게 배우고자 했다. 그러다 보니 실제로 많이 배웠다. 내가 제일 잘 안다고 내 주관대로만 밀어붙인다면 어느 순간 아집으로 돌아서고 만다.

내가 생각하는 경영 노하우란, 좋은 상품과 서비스는 사람과의 관계 속에서 성장한다는 것이다. 그러한 생각 덕분인지, 우리는 한 번으로만 끝낸 사업 관계가 거의 없다. 우리와 인연을 맺고, 우리의 진심과 노력을 아는 거래처의 직원과 선생님은 다시 꼭 만나게 된다. 감사한 일이다. 무엇보다도 사람이 중요하고 관계가 중요하지만, 좋은 관계를 계속 유지하고 싶을 때 간과하지 말아야 할 것이 있다. 바로 서로에게 도움과 이익이 되어야 관계가 오래 유지된다는 것이다. 일하면서 다른 대표님에게 이런 이야기를 들은 적이 있다. 모 기업의 대표는 사람은 좋은데 일만 맡겨놓으면 일 처리가 엉망이라 답답하다는 것이다. 사람은 좋은데 일이 엉망이니 갈수록 신뢰를 잃고 얼마간은 유지해 나가다가 일이 줄어들며 결국은 폐업하게 되었다는 이야기를 해주었다. 관계를 잘 유지하고 싶으면 무엇보다 일을 잘해야 한다. 일을 잘한 뒤에 따라오는 것이 태도다. 잡음 없이 일이 진행되고, 진행되는 동안 결과물로 고객을 만족시키면 좋은 관계를 유지할 수 있게 되고, 좋은 관계를 통해 새로운 기회가 주어지며 그 기회를 통해 성장하는 것. 그것이 우리 회사가 성장할 수 있게 된 배경이라 생각한다.

여성 창업가들을 응원합니다!

처음 출간 제의를 받았을 때, 마치 창업 제안을 처음 받았을 때처럼, "예? 제가요?" 이렇게 반응했다.

여성 스타트업계에서 너무나도 훌륭하게 눈부신 성장을 이룬 대표님들과 어깨를 나란히 하며 글을 쓴다는 것 자체가 나에게는 큰 부담이었기 때문이다. 하지만 동시에 이런 생각도 들었다. 나처럼 평범하게 살다가 인생의 전환점을 겪고 새로운 시작을 했지만 낙심한 누군가가 있다면 그들에게 보내는 응원의 메시지를 책으로 전할 수도 있겠다고 말이다. 시작을 두려워하는 누군가가 있다면 그들의 시작에 용기를 불어넣고 싶었다. 나 같은 자격 미달자도, 사업의 'ㅅ'도 모르는 사람도 시작했으니 말이다.

여성으로 태어나 수많은 한계와 어려움을 뚫고, 때로는 두려움과 맞서며 여기까지 온 모든 여성 창업가를 응원한다. 지금도 아주 멋지다. 시작은 했지만, 하루하루 쏟아지는 어려움과 사건들에 지쳐있는 여성 창업가에게도 이렇게 말하고 싶다. 쳇바퀴 속에서도 성장은 있더라고. 우리는 분명 잘될 것이라고 말이다.

나는 아직 성공한 사업가가 아니다. 대신, 앞으로 꼭 성공하고 싶은 사업가다. 가진 미사여구를 덧붙여 성공한 것처럼 포장하고 꾸며낼 수 있겠지만 거짓됨은 내가 지양하는 바이다. 우리 회사 '리드앤씽'과 어울리지 않는다. 우리 회사는 앞으로 나아가야 할 길도 넘어야 할 산도 너무 많다. 누군가는 답답하게 바라보고 이해하지 못하지만, 나는 우리 회사가 가진 진심과 따뜻함을 지키며 성공하고 싶다. 아직 멀었지만 말이다.

기본에 충실하면서 성장이 멈춰있는 곳은 없다. 미비한 성장이라도 포기하지 않으면 분명 목표한 바를 이룰 수 있다. 오늘 한걸음, 내일 한걸음이 기업 성장을 위한 확실한 발판이 될 것이다.

나다운 성장을 믿자. 이건 나에게도 들려주고 싶은 말이다. 우리는 매일 크고 있음을 믿는다. 그렇게 조그만 노력을 쌓아가다 보면 임계점을 넘어 폭발적인 성장이 도래할 날이 올 것임을 믿는다.

그래서 간절하게 부탁하고 싶다. 나와 우리 회사 '리드앤씽'을 지켜봐 주고 응원해 달라고 말이다. 눈부시게 성장하여 여성 스타트업계에 한 획은 긋고 있을 우리 모두를 위해, 파이팅!!

창업가 엄마에게 육아란

오늘 아이를 위해 꼭 해야할 두가지

나는 9살 쌍둥이 아들을 둔 엄마이다. 유아기를 지나 학령기가 되고 나서부터는 아이의 건강과 정서 케어뿐만 아니라 학습 진도 뒤처지지 않기, 또래 친구들과 좋은 관계 유지, 좋은 학원 선택까지 고민의 폭이 넓어졌다. 시간이 좀 더 지나면, 사춘기에 대한 고민과 아이의 나이가 바뀔 때마다 새로운 고민이 생길 것이다. 육아의 미션은 진화할 뿐이지 끝나지는 않는 것 같다.

이 시기가 지나면 육아하는 시간이 줄어들고 일에 집중할 수 있을 때가 올 것이라는 희망은 지금으로서는 별로 와닿지 않는다.

지금 내가 처한 상황에서, 어떻게 하면 나에게 주어진 미션들을 잘 해결할 수 있을까를 고민하는 것이 항상 나의 숙제였던 것 같다.

나의 삶의 가치에서 최우선 순위는 물론 아이이다.

하지만 일이 먼저냐, 아이가 먼저냐에 대한 질문이 나올 때마다, 딱 그 중간에서 일과 육아 둘 다 어떻게서든 잘해 나가기 위해 발버둥 치면서 그 둘을 놓지 않고 여기까지 왔다.

최대한 부모님 찬스를 쓰기도 했고 남편에게도 적극적인 도움을 요청했다. 그런 과정 가운데 떳떳함보다 매 순간 눈치 보고 죄책감에 시달렸던 것 또한 맞다. 하지만 이렇게 치열하게 보낸 하루하루가 분명히 나와 아이들을 더 성장하게 할 것이라는 믿음이 있었다.

나는 아이들에게 완벽한 엄마는 못되어도 열심히 사는 사람으로 보이고는 싶었나 보다. 그게 멋진 엄마가 되는 길이라고 생각했다.

나는 작은이모의 말에 영향을 받아서 엄마 역할에서의 만큼은 좀 옛날 사람 같다. 이모가 나에게 했던 말 중 가장 크게 내 마음에 자리잡은 말은, 주방에서 나오는 온기가 아이들의 정서를 편안하게 할 거라는 말이었다. 그런 이유로, 대부분의 음식을 남의 손을 빌리지 않고 직접 해먹는다. 깔끔쟁이 남편 덕분에 완벽하진 않아도 최대한 깔끔한 집 컨디션을 유지하려 애쓴다. 오죽하면, 큰이모가 우리 집에 와서는 우리 잠만보 집이 의외로 너무 깔끔하다고 했을까?

업무 마치고 아이들 공부 봐주는 모습

사람의 에너지는 총량이 있는데 육아 공백을 없애기 위해, 퇴근 후에도 살림에, 아이들 공부 봐주는 일에 에너지를 다 쏟고 나면 내일이 오는 것이 두려울 때도 있다. 또 눈 뜨면, 새벽에 일어나서 업무하고 육아하고 또다시 일하고 살림하는 그 반복되는 삶 속에서 녹아내리는 나 자신을 발견할 때마다 말이다.

그럴 때마다 오늘 나의 삶은 아이들에게 산 교육이 될 것이라는 믿음으로 한 번 더 힘을 낸다.

최초의 대기업 여성 CEO였던 '윤여순 대표'가 이렇게 말했다. '여러 가지 어려운 고비를 넘기고 오래 일할 수 있던 비결은 다 어머니에게서 배웠다'고 말이다. 30대에 홀로되신 윤여순 대표의 어머니는 세 딸을 키우시기 위해 작은 일이든 큰일이든 모든 일에 최선을 다하셨다고 한다. 남에게 어떤 것도 바라지 않고 본인 힘으로 살아오셨던 어머니를 바라보며, 자연스레 최고의 수준으로 자신이 할 수 있는 모든 걸 쏟아서 한다는 교훈이 자식에게도 몸에 배게 되어버렸던 것 같다고 말이다. 나는 아이들에게 어떤 산 교육이 될 수 있을까 하고 생각할 때 이렇게 말해줄 수 있는 사람이지 않을까 싶다.

'아이들만큼은, 나처럼 힘들지 않게 모든 것을 서포트해 주겠다'가 아니라, '너희들이 커서 느낄 테지만 세상이 그리 만만치 않더라, 생각만큼 다 되지도 않더라, 하지만 부모와 사회인의 역할 사이에서 위기가 찾아오고 번아웃이 올 때마다, 잘 안될 것 같은 일에도 최선을 다했던 엄마의 모습을 떠올려라, 그 최선은 배신하지 않더라.'라고 말이다.

하루를 마치고 엄마로서의 내 모습을 피드백할 때 두 가지 질문을 던진다.

1. 오늘 아이들과 이야기를 나눴는가?
2. 아이들과 눈을 마주치고 함께 크게 한번 웃었는가?

이 두 가지에 YES! 했다면 오늘 하루도 잘 보냈다고 나를 토닥인다. 만약 NO 했다면 내일의 YES를 위해 노력하면 된다. 많은 시간 함께 해주지 못하더라도, 나는 이 두 가지가 엄마로서 가장 중요한 일이라 생각한다. 수다쟁이 우리 아들의 이야기를 들어주었고, 사소한 장난으로라도 배가 찢어지게 웃었다면 나는 그 일만으로도 엄마로서의 가장 큰 일을 잘 해냈다고 칭찬하고 싶다.

이 글을 읽는 엄마 창업가들도 죄책감보다는 딱 두 가지 질문으로 엄마인 자신에게 칭찬해 주었으면 좋겠다. 워킹맘을 때로는 아이를 위해 희생할 줄 모르는 이기적인 사람으로 보는데, 그것이야말로 여성에게 주어지는 나쁜 고정관념인 것 같다. 우리는 이기적인 사람이 아닌, 모두가 잘 살고 성장하기 위해 이 악물고 최선을 다하는 사람들이기 때문이다.

오늘 우리 엄마 창업가의 노력으로 가정이 성장하고 세상이 변화하는 일에 참여하고 있다는 프라이드를 가져도 좋다. 실제로 우리가 개발한 서비스와 상품으로 세상의 변화를 이끌고 있지 않나?

오늘도 엄마와 창업가 사이에서 고군분투하고 있는 여성들에게 심심한 응원을 보낸다. 잘하고 있다. 멋진 사람들이여…!!!

04

엄마의 지속 가능한
커리어와 삶을
응원하는

더하트컴퍼니

김민하 대표

더하트컴퍼니는 교육, 커뮤니티, 문화 기획을 하는 회사로 특히 경력보유여성의 지속 가능한 성장과 일에 대한 미션을 가지고 있는 사회적기업입니다. 여성을 위한 진로 고민은 달라야 한다는 모토를 가지고 개인의 성향과 환경을 진단하는 M4BT 검사지를 개발하였고 이를 바탕으로 진로 설계 및 역량 강화 교육, 일과 직업 연계 프로그램 등을 기획 운영하고 있습니다. 사업 영역은 B2B, B2G에서 기업과 기관 연계를 통한 지역형, 기업형 맞춤 프로젝트와 B2C에서 '워크어스'커뮤니티 플랫폼을 통해 다양한 여성들과의 접점을 만들어 나가고 있는 중입니다.

어쩌다 스타트업

어린이집 교사에서 맘메이트로

  나는 아이 셋 엄마다. 워킹맘이었다가 아이를 위해 어린이집 교사가 되었고 어린이집, 지역 아동센터를 운영하는 원장을 거쳐, 현재의 '더하트컴퍼니 대표'가 되었다. 이렇게 스펙트럼이 넓은 나의 커리어 이야기를 들으면 많은 사람이 놀라곤 한다. 그 이유는 아이가 셋임에도 불구하고 쉬지 않고 무언가를 했다는 사실과, 커리어의 전환도 예상되지 않는 범위의 경험이 있기 때문이란다. 그럴 때 나는 담담히 말한다. 사명감을 가지고 노력했더니 오늘날의 더하트컴퍼니가 탄생하였다고. 하지만 '맘메이트'라는 과정이 있었기에 가능했다고 덧붙이기를 잊지 않는다.

2018년 겨울, 나는 어린이집과 아동센터를 그만두고 새로운 일을 시작했다. 당시 관심 분야였던 '상담'을 하기 위해서 센터를 차린 것이다. 그 과정에서 사람들에게 나를 알리는 글을 쓰고 책을 출판하며 저자가 되었고, 저자라면 해야 한다는 SNS 활동 중에서 블로그, 인스타그램을 개설했다. 물론 모든 것이 처음이었기에 서툴기만 했다. 나는 긍정적인 마음가짐으로 처음 하는 일을 배우며 도전하기를 즐겼고, 일을 더 좋게 발전시키곤 했다. 혼자 1인 기업으로서 '맘메이트 연구소' 센터를 차린 것과 무작정 사람을 만나서 상담을 시작한 일이 그랬다.

상담의 대상은 '육아하는 엄마'였다. 어린이집과 아동센터를 운영하면서 상담은 매일 하기도 했고 누구나 나를 찾는 사람이라면 가리지 않았다. 꽤 좋아하는 일이었다. 누군가를 상담해서 그들의 마음의 짐을 덜게 하는 행위 자체가 나에게 기쁨을 주었다. 힘들다기보다는 의미 있는 일을 하고 있다는 만족감이 들었다.

신기하게도 별다른 홍보 활동 하나 없었는데도 나를 찾아오는 사람이 있었다. 첫 저서인 《어쩌다 엄마는 되었지만》 출간 후, 블로그와 인스타그램에 나에 대해 이야기하며 사람들과 소통하는 과정에서 자연스럽게 연결되었다. SNS를 통해 주로 보인 모습이 주변에 있을 법해서 그랬나 보다. 아이 셋을 키우면서 생긴 에피소드, 예를 들어 하다 못해 아이와 밥 먹으면서 나눈 대화라든지, 워킹맘으로 살아가는 일상과 일을 병행하기 위해 생긴 나만의 습관 같은 사소한 모습에 이렇게 댓글이 달렸다.

"맘메이트님, 한번 만나고 싶어요."

그랬다. 나는 '맘메이트'가 되었다. 그 의미는 '마음의 메이트, 엄마의 친구'였다. 내가 아이 셋 엄마이면서 현장에서 엄마들의 삶을 가장 가까이 보고 느낀 사람으로서, 나는 '맘메이트'가 되어야겠다고 생각했다. 아이를 낳으면서 엄마가 된 여성들의 다양한 어려움, 예를 들어 아이를 키우는 자신만의 육아법이나 아이를 키우면서도 일을 지속할 수 있는 라이프스타일 등을 한 사람에게 맞추어 함께 고민하고 해결책을 찾아가는 일에 진심을 다하고 싶었다.

맘메이트, 한 여성을 위한 진로설계를 하다

어쩌다 상담을 시작했지만, 제대로 하고 싶었다. '제대로'라는 의미란, 번듯한 회사가 되어야 한다는 나만의 기준이다. 회사의 시스템을 갖추기 위해 강남에 위치한 공유오피스를 계약했고 '맘메이트 연구소'라는 회사명으로 사업자를 냈다. 아무도 나를 감시하지 않았지만, 매일 같은 시간에 출근했다.

주간 업무를 계획하기 위한 바인더를 작성했다. 그 시절엔 나에게 상담을 받고 싶은 사람이 늘면서 스케줄을 관리하고, 그들에게 안내, 연락하는 것도 주간 업무 중 하나가 되었다.

나를 찾아온 사람은 크게 세 가지로 나눌 수 있었다.

첫째, 육아하면서 어려움을 겪고 있는 엄마로 아이 연령에 따라 당장 고민인 것들을 해결하고자 했다. 그 당시 나는 출판사로부터 '육아전문가'라는 타이틀로 홍보되었고, 어린이집 원장 출신의 아이 셋 엄마로서 즉각적인 도움을 줄 수 있었다.

둘째, 워킹맘인 여성으로 육아휴직 사용 여부나, 복귀 이후 워킹맘 생활을 잘하는 방법에 대해 알고자 했다. 이 또한 나는 직접 경험했으니 솔직한 의견제시와 아낌없는 응원과 격려를 해줄 수 있었다.

셋째, 진로나 직업에 대해 고민하는 엄마인 여성으로 그동안 해왔던 일을 전환하려는 계획으로, 무엇을 어떻게 할지 찾고자 했다. 나는 직업상담사나 진로 전문가가 아니기에 다소 당황스러운 사례도 생겼지만, 시간을 들여 나를 찾아온 사람에게 실망을 주고 싶지 않았다. 관련 지식과 방법론에 대해 닥치는 대로 공부했고 한 사람을 위한 맞춤 해결책을 만들어 갔다. 이것이 더하트컴퍼니의 '여성의 지속 가능한 일'에 대한 모토가 될 줄은 그 당시에는 전혀 알지 못했다.

엄마인 여성의 진로는 다양하게 전개되었다. 회사원으로서 다시 사회생활을 하기 위한 준비로 커리어 포트폴리오를 만들거나, 새로운 일을 찾기 위한 자아 탐색을 통해 내가 어떤 일을 좋아하고 잘하는지, 새로운 커리어를 설계하는 것. 그 과정에서 프리랜서, 1인 창업, 스타트업 창업, 새로운 업의 창직 등 무궁무진한 결과가 생겨났다.

한편 내가 진행한 개인 진로 설계는 특징이 있었다. 엄마로 살아가다가 본인 고민을 통해 인생의 결정적인 터닝포인트를 만들 수 있다는 것이다. 새로운 진로를 찾는다는 것은 제2의 꿈을 찾는 것과 마찬가지이기 때문이다.

지속 가능한 방법으로 일을 하기 위한 단기·장기 플랜으로 연결하려 했다.

아이를 키운다는 것은 일상의 대부분의 시간을 육아에 할애한다는 의미이므로, 이를 자신의 라이프 패턴에 맞추어 할 수 있도록 올해 계획, 내년 계획, 장기 계획으로 나누어 구체적으로 솔루션을 주었다. 이 정도가 가능했을 당시엔 개인 솔루션 결과지를 제작하여 제공했기에 나는 어느샌가 '엄마들의 진로 설계사'이자 '상담사', '교육자'로 인식되어 갔다.

일대일로 상담하는 모습

브랜드미 프로젝트

개인의 진로 설계를 한다는 것은 퍼스널브랜드의 영역이었다. 자기 이해와 탐색을 바탕으로 한 기초 작업 후 세상과의 연결점을 찾는 과정에서 자신의 콘텐츠를 제작하고, 자신만의 업(業)으로 연결해 비즈니스화를 거쳤다. 결론적으로 모두 1인 창업이 가능했다. 퍼스널브랜딩이 끝난 시점에는 새로운 명함도 만들었다. 철저하게 '엄마'인 여성의 특성에 맞게 프로그램으로 기획하고 운영하려 애썼다. 몇 번의 수정을 거친 끝에, '나를 브랜드로 만드는 프로젝트: 브랜드미 프로젝트'라는 이름이 탄생했다.

자신의 브랜드를 갖고 다시 시작하는 여성들의 결과는 놀라웠다. 코로나19로 수업을 할 수 없게 된 영어 강사 출신의 지나쌤은 온라인 영어 교육 콘텐츠를 출시했다. 영어는 재미있는 활동을 통해서 습득해야 한다는 본인만의 영어교육 철학을 바탕으로, '트이는 영어'라는 뜻의 '액트영'을 제작했다. 학원에 다닐 수 없는 아이들을 위해 집으로 배송하는 교재·교구 키트를 만들었고, 영상 제공과 온라인 수업을 통해 집에서도 재미있게 활동할 수 있는 영어 환경을 만들어 주었다. 프리랜서 강사 수입 '0'이 되어 자신감을 잃은 채 우리 '브랜드미'의 문을 두드렸던 지나쌤은 현재 자신의 사업 성공뿐만 아니라, 영어 공부방 프랜차이즈 회사확장을 준비하고 있다.

글쓰기를 좋아한다던 네 남매맘 스텔라 님도 우리를 놀라게 했다. 네 남매 육아하는 것만으로도 힘들만도 한데, 그녀는 자신을 놓지 않기 위해 끊임없이 독서하고 자기계발하던 열정이 넘치는 여성이었다. 그동안 쉬지 않고 열심히 했는데 아무 성과도 없었더라며 허탈해했지만, 그 시간은 그녀를 배신하지 않았다. 결혼 전 신문 기자로 일했던 그녀의 커리어와 독서의 결과 '글 쓰는 사람'으로 브랜드를 만들어 낸 것이다. '브랜드미' 프로젝트를 마치던 시점에 브런치 작가로 데뷔하더니, 지금은 1년에 책 한 권 집필하는 작가로 활동 중이다.

이따금 강의하는 사람으로서, 현장에서 내 이야기와 브랜드미로 성공한 사람들의 이야기를 전한다. 새로운 일에 앞서 무언가 고민하는 사람들 앞에서 전하는 메시지는 한결같다. 당신은 이미 무언가를 할 수 있는 가능성을 가지고 있으며, 당신의 목표와 꿈에 빠르게 가는 방법은 내가 원하고 하고 싶은 일을 찾아 당장 실행하는 것이라고.

"당신은 이미 브랜드입니다."

브랜드미에서 항상 외쳤던 슬로건이었다. 모두의 잠재된 재능은 반드시 발현된다는 것을 믿는다.

맘메이트에서 더하트컴퍼니로

요즘 '스타트업Startup'이라는 용어가 낯설지 않다. 설립한 지 오래되지 않은 신생 벤처기업을 뜻하는 미국 실리콘밸리의 용어인 스타트업은 1990년대 후반 이른바 '닷컴 버블'로 창업 붐이 일었을 때 생겨난 신조어라고 한다. 보통은 고위험·고성장·고수익 가능성을 지닌 기술·인터넷 기반의 회사를 칭하지만, 우리나라에서는 모든 업종에 쓰이고 있다. 그만큼 흔해졌다는 뜻이다. 나 또한 엄청난 포부를 가지고 '스타트업'을 시작하지 않았다. '맘메이트' 브랜드가 확실해졌고, 어느 순간부터인가 혼자서 할 수 없는 규모가 되었기 때문이었다. '스타트업'에 대해 아는 것은 하나도 없었지만 1인 기업 형태에서 벗어나 좀 더 회사다운 회사가 되어야겠다고 결심한 것이 그 계기였다. 당시 활동하던 스텝들이 있어서 회사로서의 시작은 수월했었던 것으로 기억한다.

스타트업이 되어 우리는 엄마인 여성의 상담과 교육 프로그램, 커뮤니티 모임이라는 사업 내용을 바꾸지 않았다. 더 많은 사람에게 우리의 서비스를 제공하기 위한 구체적이고 실질적인 방법을 찾아 나섰다. '여성의 지속 가능한 성장, 일과 삶'을 비전으로 우리의 정체성을 명확히 했기에 코로나19로 사람을 대면할 수 없던 열악한 상황에도 버텨야 했다. 아이를 키우는 엄마인 여성들은 어린이집, 학교의 역할까지 전부 떠안아 힘들었던 시기다. 이후 출시한 교육커뮤니티 플랫폼 '비마이시즌'의 슬로건이 만들어진 것도 바로 이때였다.

'엄마라서 그 무엇도 포기하지 않도록'

어쩌다 스타트업이 된 더하트 팀이었지만, 우리 자신도 그 무엇도 포기하지 않고 무엇이든 해야만 했다.

교육 회사로
성장하다

→

더하트의 핵심성과, M4BT

　주요 프로그램은 여전했다. 여성 커리어 상담, 맞춤 진로 설계, 교육 프로그램 연계로 이어지는 프로세스로 여성들의 제2의 커리어를 찾아주고, 지속 가능하게 이어 나갈 수 있는 발판을 마련해 주는 것이었다.
교육회사로서의 전문성을 더 쌓아갔다. 교육 콘텐츠는 창업까지 확장되었으며, 비대면 프로그램을 수시로 제공할 수 있는 시스템도 갖췄다. 인원이 늘어나니 분업도 할 수 있었다. 일대일 온라인 상담 프로그램을 개설했고, 원데이 워크숍의 횟수도 늘렸다. 더 많은 사람에게 도움이 되기 위한 더하트의 비전은 계속되어 갔다.
더하트의 핵심성과는 M4BT_{Mom's 4 Behavior Test 엄마 종합 유형 진단지}라는

개인 진단지를 개발한 것이다.

상담의 과정에서는 사전에 개인을 객관적으로 알아볼 수 있는 툴이 필요한데, 맘메이트 이전부터 '엄마인 여성 상담'에 적용할 수 있는 심리 진단, 행동 진단 등의 자료를 찾고 활용하며 수정을 거듭해 왔던 터였다. 이를 좀 더 발전시켜서 '엄마인 여성에게 전문적으로 활용할 수 있는 진단지 개발'이라는 더하트만의 목표를 갖게 된 것은 어쩌면 당연한 일일지 모른다. 시작은 무모한 도전이었고, 과정은 어려웠으나 지금 생각해 봐도 최선의 성과로 더하트만이 할 수 있는 일을 해냈다.

MB4T 개발로 우린 교육회사로서의 전문성을 갖출 수 있게 되었다.

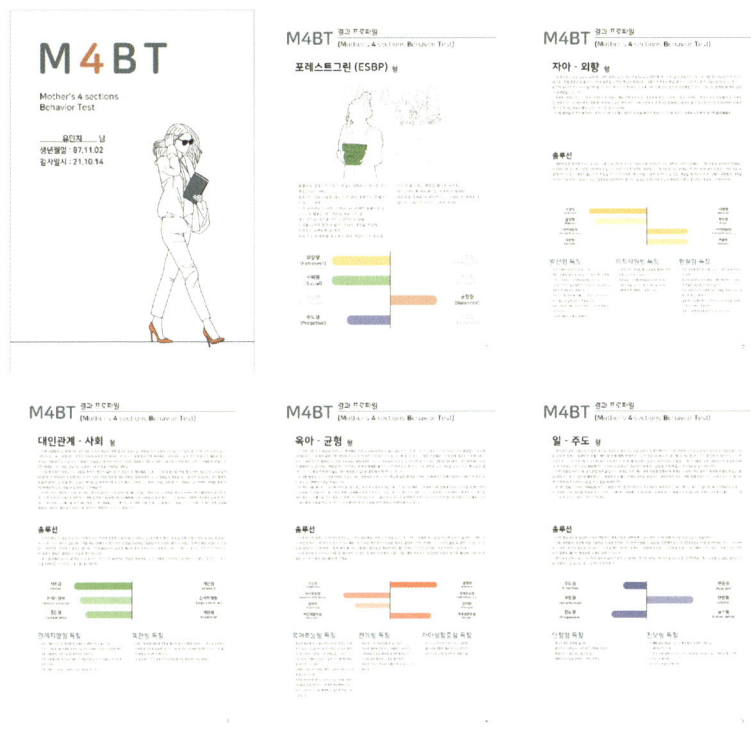

M4BT는 'Mom's 4 section Behavior Test'의 약자로 엄마인 여성의 삶에 가장 큰 영향을 주는 4개 영역 「자아」, 「육아」, 「관계」, 「일」에 대한 성향 분석과 함께 솔루션까지 제공한다.

M4BT는 와디즈 펀딩을 통해 처음 선보였으며, 출시 3일 만에 220% 성공률을 달성했다. 3년간 축적한 1,000여 명의 엄마들 데이터에 기반해 긴 시간 동안 연구 끝에 개발됐다. M4BT 검사 결과지에서는 '엄마인 나'뿐만 아니라 '나'를 둘러싼 모든 것을 돌아보고, 현재 어려움에 대한 구체적 방향성을 제시받는다. 총 16가지로 구분되는 대표 유형뿐만 아니라 세부 변수 포함 9,000여 가지로 구분돼 개인화한 해결 방안과 자기 챙김, 다시 시작할 길에 대해 제시한다.

더하트컴퍼니 김민하

더하트의 주요 프로그램

커리어와 진로설계의 실질적인 결과라고 한다면 직업과 경제 활동으로의 연결이다. 더하트는 그중에서도 '엄마인 여성'을 대상으로 하기에 더더욱 중요했다. 그 이유는 아이를 키우면서 병행하는 커리어와 진로 활동은 분명한 의미가 있고, 경제적 가치를 동반해야 지속 가능하기 때문이다. 한 마디로 육아하며 일을 한다는 것은 너무 힘들기에, 자신만의 '목적'이 있어야 한다. 그 이유는 개인의 자아실현이나 혹은 꿈, 경제적 보상 그 무엇이라도 좋다.

'엄마인 여성'을 대상으로 끊임없이 고민하다 보니, 우리의 프로그램은 깊이 있고 넓어졌다. 여성의 생애주기별 커리어에 대한 연구는 계속 되었고 '여성의 지속 가능한 성장과 일과 삶'이라는 범위에서 교육 프로그램이 발전되었다. M4BT를 활용한 개인 맞춤 상담과 진로 설계는 이용자들에게 꾸준히 입소문으로 퍼졌다. 그 이후 과정으로 온라인 마케팅과 경제 활동을 돕는 '마이크로 인플루언서 양성 과정', 창업, 창직으로 이어지는 퍼스널브랜딩 과정인 '브랜드미 프로젝트', 글쓰기로 에세이북 작가 데뷔 목표를 달성하는 '에세이북 프로젝트' 등이 다양하게 시도되면서 실험적인 도전을 계속 이어 나갔다.

더하트의 사회를 변화시키는 주요 성과들

더하트가 궁극적으로 하려고 하는 일은 평범한 사람을 변화시키는 것이다. 여러 가지 다양한 프로젝트로 하나씩 변화의 기적들을 만들어가고 있다. 프로그램에 '프로젝트'라는 명칭을 고집하는 이유는 프로젝트

어원 자체가 주는 의미가 있기 때문이다. 특정한 목표를 달성하기 위한 모든 과정이며 목적을 위해 계획에 맞추어 실행하는 전 과정을 포괄하는 개념이다. 참여자들에게 부담을 주지 않으면서도 자신의 목표에 갈 수 있다는 희망을 주기 위한 숨은 의도가 있다고 볼 수 있다.

<에세이북 프로젝트>는 일 년에 단 한번 평범한 사람들을 작가로 데뷔시킨다. 누구나 자신만의 경험과 스토리가 있기 때문에 이를 글로 풀어 쓰면 모두가 작가가 될 수 있다는 것이 전제다. 글 소재가 될 만한 특별한 콘텐츠를 가지고 있지 않아도 된다. 글을 한 번도 쓴 적 없는 초보여도 괜찮다. 우리의 컨셉은 단지 '당신의 이야기를 들려주는 것'이기에, 이야기를 하는 것처럼 편하게 글로 쓰면 된다. 프로젝트 과정 중에 글쓰기의 기본 교육 과정부터 책 쓰기를 위한 심화 교육까지 포함하고 있는 것은 물론이다.

우리가 원하는 성과는 단순했다. 평범한 사람이 작가가 된 것을 보여주면서 용기와 희망을 전하는 것. 실제로 작가가 된 여성들은 또 다른 기회를 찾아가며 다른 사람들에게 자신을 알렸고 본보기가 되어 주었다. 제2의 커리어를 자신의 속도로 멋지게 만들어간 평범한 여성 12인 작가의 이야기 《나만의 일은 그렇게 시작되었다》와 육아를 하며 자신을 지키기 위한 방식으로 혼자있는 시간을 선택했던 평범한 엄마 7인의 이야기 《엄마가 아닌 시간이 나를 만든다》라는 책은 와디즈, 텀블벅 펀딩으로 책 출시가 되기 전부터 이미 관심있는 사람들의 후원을 받을 수 있었다. 평범함으로 시작한 예비작가들은 많은 응원 속에서 저마다의 아이덴티티를 펼쳤다.

《나만의 일은 그렇게 시작되었다》 출간파티

《엄마가 아닌 시간이 나를 만든다》 북콘서트 중 사인회

<마이크로 인플루언서 프로젝트>는 코로나19 시기에 우연히 열렸다. 집 밖으로 나가지 못하는 일상을 SNS 활동으로 드러내던 '집콕'의 시기의 특성이 사람들의 니즈와 잘 맞아떨어지면서 더 잘하고 싶은 사람들이 선동하여 시작된 챌린지였다. 챌린지 명은 나를 브랜딩하는 인스타그램의 줄임말로 '나인스'라고 불렀다. 어떤 모임이든 그 이름에 따라 성격이 달라지는데, 나인스는 자기자신으로 무언가를 한다는 의미가 있다보니 모두가 의욕이 넘쳤다. 서로 힘내라고 응원하며 인스타그램에 '좋아요'와 댓글을 남겨주다가 그녀들만의 해시태그가 만들어졌고, 급기야는 본인이 알고 있는 SNS 운영 비결을 알려주거나 번개 모임이 생겨났다. 가벼운 관계 같지만, 결코 가볍지만은 않은 오히려 이후 커리어의 가능성을 넓힐 수 있는 프로그램이 되겠다 싶어 정식 프로그램으로 론칭했다. 현재는 콘텐츠 마케터 이론을 온라인 강의로 학습하고 스스로 실습하는 방식으로 더 발전하여 운영되고 있다. 내 예상이 맞아떨어

번개 모임

져서 이후 각종 기관 및 센터에서 러브콜을 받는 효자 프로그램이 되었다. 소셜 미디어, 소셜 커뮤니티의 중요성이 조망되고 있는 지금, 앞으로도 가장 큰 성과를 얻는 프로젝트 중 하나가 될 것 같다.

<브랜드미 프로젝트>는 새로운 일을 하고 싶은 사람에게 창직이라는 프레임을 제시하는 프로젝트다. 맘메이트 1인 기업 시절부터 시작하여 시그니처 교육 콘텐츠라고 할 수 있을 정도로 참여자들의 만족도가 높은 프로그램이다. 한 마디로 설명하자면 이렇다.

> '개인의 자아 탐색부터 원하는 목표와 방향 설정, 이를 실현하기 위한 콘텐츠 제작, SNS 채널 세팅, 퍼스널브랜딩 연계, 비즈니스 창출 전 분야를 아우르는 올인원 과정'

답은 나에게 있고 무언가를 할지에 대한 결정과 진행도 전적으로 자신이 한다. 이후 결과로서 프리랜서 활동, 온라인 비즈니스, 1인 창업, 스타트업 창업으로 다양한 진로를 선택하였다. 우리가 가장 중요하게 지키고 만들어 가고자 하는 가치는, 육아하는 여성이 주도적으로 삶을 영위하면서 커리어를 이어 나가는 것이다. <브랜드미 프로젝트> 과정은 6~8주 정도로 다소 길게 운영된다. 그 안에서 워낙 많은 것들을 나누고 만들어 간다는 인식이 커져서 브랜드미 멤버들은 수료하고 난 다음에도 돈독함을 유지해 나간다.

<언더우먼 임팩트 커뮤니티>라고 불리는 여성 창업가 커뮤니티도 있다. 창업 교육을 전문적으로 하는 '언더독스'라는 기업과 콜라보로 진행했던 '3040여성들을 위한 창업교육과 커뮤니티' 프로젝트다. 여성들의 커리어와 진로 교육을 통해 개인의 자아실현은 '창업'이라는 영역과도 만

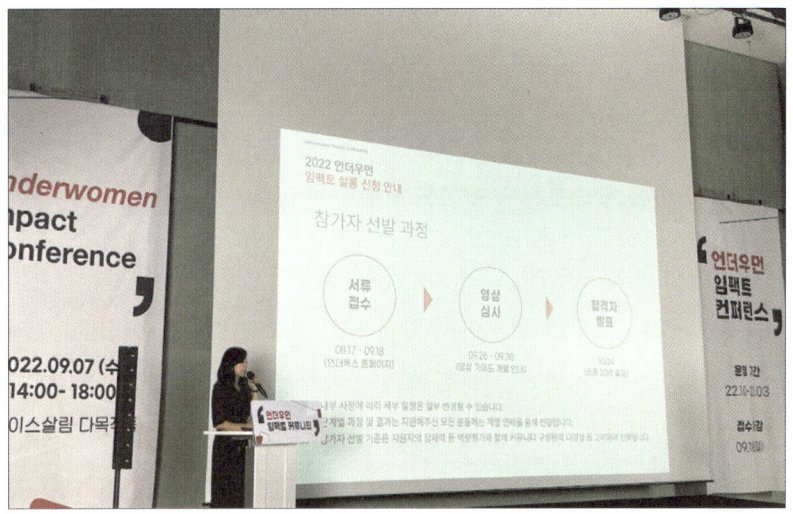

언더우먼 임팩트 컨퍼런스에서 모더레이터로 참가한 모습

난다는 것을 알게 된 삼 년 전부터, 언젠가 제대로 한번 운영해 보리라 계획했던 프로그램이다. 전문적인 콘텐츠를 가지고 있는 기업을 만나 실현을 하게 되면서 더하트에는 또 다른 변화가 생겼다. 단순 개인의 성장만이 아닌, 사업과 비즈니스를 통해 사회의 작은 변화를 만들어 가는 소셜임팩트가 만들어진 것이다. 우리 더하트의 비전까지도 더 확장되어 우리는 점차 '경력보유여성' 뿐 아니라 사회에 기여하고 사회를 변화시키는 해결책을 생각하게 되었다.

더하트의 정신

더하트컴퍼니라는 기업명을 처음 듣는 사람들은 '하트'라는 단어에 꽂힌다고 한다. 기업 로고에도 작은 하트를 넣어 진심과 마음을 담는 의미를 나타내었는데 이것이 바로 우리 더하트의 정신이기도 하다. 혼자 하는 1인 기업에서 팀 빌딩을 하고 회사로 발돋움했던 것은 나 혼자 전하던 진심을 더 많은 사람과 함께, 그리고 더 많은 사람에게 전달하고 싶은 마음이기도 했다.

'진심인 마음의 태도는 무엇이든 가능하게 한다.'

어딘가에서 본 문구인데, 나에게 인생의 중요한 가치가 되었다. 진심의 마음과 태도는 누구나 기본이라 말하지만 정작 지키기는 어렵다. 우리는 클라이언트인 기업과 기관들의 이해관계자에게 성공적인 결과라고 불릴만한 실적을 내는 것도 중요하지만, 그보다 먼저 한 사람 한 사람 개인에게 지지와 인정을 줄 수 있는 진심의 태도를 갖춘 회사가 되고 싶다. 그것이 우리의 존재 이유이다.

비마이시즌,
평생 잊지 못할
경험을 선물하다

→

비마이시즌 서비스 론칭 후 만난 그녀들

스타트업의 비즈니스는 어떤 형태로든 브랜드로서 고객과 만난다. 이때 창업가의 마인드는 브랜딩에게 큰 영향을 끼친다. 이로 인해 비즈니스 모델이 바뀌거나 팀원들의 의사결정이 달라지는 경우가 비일비재하다. 브랜드 철학이 자연스럽게 묻어나오는 것도 물론이다.

우리는 '비마이시즌' 브랜드를 기획하는 단계부터 팀원들과 이야기를 많이 나눴다. 특히 경력보유여성으로서 사회생활을 다시 시작한 우리 내부 팀원이 공감하고 이해하는 브랜드를 만들어야 한다는 게 나의 고집이었다. 서비스 내용, 컨셉, 고객 만족 여정 등 그 모든 것을 팀원들과 함께 만들어 가고 싶었다. 그 첫 단추는 브랜드 이름이었다.

'비마이시즌'이라는 이름은 더하트의 내부 워크숍을 통해 탄생한 이름이다. 플랫폼 서비스 론칭을 준비하면서 브랜드 명을 먼저 지어보자고 모두가 모인 자리였다.

'MZ세대 이면서 엄마인 여성에게 매력적으로 불릴 만한 네이밍은 무엇일까?'

서로의 기준은 별반 다르지 않았다. 부르기 쉽고 의미가 부여된 이름, 이왕이면 예쁘거나 세련되서 내가 여기에 속해있다는 것이 개인의 프라이드가 될 수 있으면 좋겠다는 의견이 대부분이었다. 다시 시작해보자는 뜻의 리플레이Replay, 나를 시작하는 시간 9시라는 뜻으로 투미나인To me nine등 괜찮은 의견이 많았지만 딱히 와닿지 않았다.

"시즌 1, 2처럼 나의 시즌을 만들어 간다는 뜻으로 시즌을 넣어보면 어떨까요?"

한 팀원의 툭 던진 말에 모두가 고개를 끄덕였다.
그렇게 '비마이시즌 : 다시 일하고 싶은 여성을 위한 상호성장플랫폼'이 탄생했다. 우리의 철학이 담겨진 첫 번째 서비스 네이밍에 가슴이 설레이는 순간이었다.

스타트업에도 브랜딩이 필요한 이유

스마트폰으로 누구든지 손쉽게 다양한 형태의 콘텐츠를 만들고 공유할 수 있는 시대다. 이 안에서 개인이 얻는 정보와 콘텐츠 또한 무궁무진하다. 무수히 세분화된 채널로 인해 세대마다 보는 매체가 다르고, 개인이 크리에이터이자, 미디어, 플랫폼으로 변화하는 시대다. 이런 환경은 육아를 하는 MZ세대 여성에게도 많은 변화와 이전에 없던 기회를 열어준다. 혼자가 아닌 SNS에서 나를 브랜딩하고 알릴 수 있게 되었다. 비마이시즌 론칭 초기, 브랜드를 알리는 마케팅이 가장 시급했다.

'엄마 종합 유형 검사지 M4BT'를 통해 고객과의 접점을 만들고 온라인 상담과 프로그램을 운영하고 있었으나, SNS 상에서 우리를 알릴 필요가 있었다.

와디즈 펀딩을 통해 '투미박스'를 구입한 사람들의 후기에 더하트컴퍼니와 비마이시즌, 투미박스를 두고 어떤 이름이 제품인지, 브랜드 네이밍인지 헷갈린다는 리뷰를 읽고 충격을 받기도 했다. 처음 듣는 사람에게는 그저 비슷한 느낌의 이름이라 했다.

다시 내부 팀원과의 회의가 이어졌다. 브랜드 기획 단계부터 정리한 자료를 다시 반복했다.

'우리가 말해야 하는 진정성 있는 스토리는 무엇이 있을까?'
'비마이시즌답게 이미지화하고, 콘텐츠를 제작하려면 어떻게 해야 하는 것일까?'

초기 단계의 스타트업에도 브랜딩이 필요하다는 것을 절실히 느꼈다. 겉멋을 부리지 않고 기본에 충실하기로 했다. 본질에만 집중하기 위해 단 하나의 메시지를 전달했다. 엄마라서 그 무엇도 포기하지 않아야 한다는 핵심 가치를 전달하기 위한 서브 콘텐츠를 만들기 시작했다. 눈에 보이는 이미지 또한 진정성에 집중했다.

'결국 중요한 것은 나 자신이 어떻게 살고 싶은지 아는 것이라 생각한다.'
'나의 인생은 온전히 내 것이라는 것'
'엄마인 당신의 노력을 엄마인 우리가 공감할게요.'

우리만이 할 수 있는 말을 했고 진심을 다하니 반응이 오기 시작했다. '비마이시즌'다운 브랜딩은 우리 회사가 여전히 노력하는 것 중의 하나다.

비마이시즌의 페르소나

비마이시즌의 페르소나는 MZ세대 엄마인 여성이다.
MZ란, 1980~2000년대 초 출생한 '밀레니얼 세대'와 1990년대 중반부터 2010년대 초반 출생한 'Z세대'를 아우르는 말로 2023년 현재 10대 후반에서 30대의 청년층이고 휴대전화, 인터넷 등 디지털 환경에 친숙한 세대다. 변화에 유연하고 새롭고 이색적인 것을 추구하며, 자신이 좋아하는 것에 쓰는 돈이나 시간을 아끼지 않는 특징이 있다.
MZ세대이면서 엄마가 된 여성은 라이프스타일 또한 그들만의 방향을 추구한다. 자녀만큼이나 자신의 성장도 중요하게 생각하며, 동시에 육아에도 최선을 다한다. 점점 낮아지는 출산율과 달리 육아용품 시장 규모는 2020년 기준 약 4조 원대로 역대 최고 수준을 경신하고 있다는 것을 보면, 소비의 주역이 된 MZ세대 엄마는 육아용품이나 식료품은 물론 배달 음식, 생활용품, 여행과 문화생활까지 아이와 함께하는 새로운 삶에 다양하고 독특한 라이프를 보내고 있다는 것이 증명된다.

한편으로는 자신에 대한 정체성이 뚜렷한 것도 특징이다. MZ세대인 엄마는 예전 70~80년대의 차별받았던 여성들과는 달리 남녀 동등한 교육을 받았으며, 사회생활을 통해 자기 자질을 충분히 발휘한 경험이 있다. 출산하면서 엄마의 역할이 하나 더 늘었다는 것은 자신의 정체성에 혼돈을 가져오기는 하지만, 그렇다고 포기하지 않는다.

바로 '그녀들'을 찾기 위해 더하트 팀원들과 고객 분석 회의를 했다. 각기 다른 의견을 나누는 과정을 거쳐 우리만의 언어로 한 가지 정의를 내려야 했다. 그래야 서비스 기획도 명확하게 팀원 모두가 한 방향으로 할 수 있기 때문인데, 몇 번을 해봐도 잘 되질 않았다. 서로의 이상적인 모습이 달라서 인 것 같았다. 한 팀원의 건의로 비마이시즌의 그녀를 단 한 사람을 구체적으로 그려보기로 했다. 그렇게 해보니, 헤매고 있는 상황이 잘 풀리는 듯했다.

> 기본 배경은 1987년생 MZ세대 엄마다. 아이는 한 명 또는 두 명이 있고, 가장 어린 나이의 자녀가 어린이집에 다니기 시작하여 다시 내 삶을 준비하고 싶은 마음을 가지고 있는 사람이다. 도시에 거주하면서 자기계발에 관심이 많고, 아이를 낳기 전 사회생활을 활발히 했었던 자기 정체성을 명확히 갖고 있는 여성이다. 앞으로 자신의 인생과 미래를 주도적으로 고민하고 움직이려 하는 열정이 있다.

당당함을 잃지 않으려는 그녀들이 모여 있는 곳. 바로 '비마이시즌'이다. 나로서도 엄마로서도 자기다움을 지켜내고 엄마가 되어서 포기하는 것이 생기는 것을 당연하다고 여기기보다는, 어떻게 대처하고 이겨낼 수 있을까를 고민하는 것이 그녀들이다.

'비마이시즌은 어떤 곳이 되어야 하는가?'

근본적인 고민에 대한 답은 오롯이 그녀들을 위한 플랫폼이 되는 것이었다. 우리의 정체성은 '다시 시작하고 싶은 여성들의 상호성장 플랫폼'이라고 정의했으며, 서비스 형태 또한 철저히 커뮤니티 기반의 플랫폼이 되길 원했다. 서로가 서로에게 힘이 되어주며 끌어주는 곳. 내 깊이 있는 고민을 털어놓을 수 있고 함께 배우며 성장하는 곳. 언젠가 이룰 희망과 꿈에 대해 진심으로 지지를 얻을 수 있는 곳. 비마이시즌의 정신을 점점 단단히 만들어 가고 싶다.

서울시 여성 재단에서 운영하는 스페이스 살림과 진행한 플리마켓 홍보 부스

우리가 만들어 나가야 할 새로운 여성 문화란

비마이시즌의 그녀들은 나다움을 찾고, 가치있고 의미 있는 일을 하고 싶어 한다. 그러나, 이를 육아와 병행하면서 잘 할 수 있는 방법에 현실적인 어려움이 있었다. 보통은 잡코리아, 알바몬, 맘카페, 주변 사람들을 통해 '무언가'를 찾기 시작한다. 좀 더 정보력이 좋은 사람들은 지역 새일센터 같은 지원센터를 알고 있지만 공공기관에 대한 기대가 낮은 게 현실이다.

'비마이시즌의 역할은 그녀들이 원하는 삶이 가능함을 알려주고, 이미 먼저 도전한 사람들이 모여있는 커뮤니티로써 함께 할 수 있는 시너지를 주는 것이다.'

한편으로는, 우리가 지향해야 하는 강점, 가치에 대한 정의도 만들어갔다.

* 일에 대한 가치 전달
* 일의 지속가능성 강화
* 정보의 체계성
* 개인 맞춤화
* 조직, 콘텐츠에 대한 높은 신뢰도
* 좋은 사례와 레퍼런스
* 일자리로의 직접 연계
* 엄마들 간의 컨넥션·문화
* 엄마의 성장을 위한 자체적 강력한 콘텐츠

우리가 해야 하는 미션은 '여성의 지속 가능한 삶과 일'이라는 것이 좀 더 명확해졌다.

나는 '비마이시즌 서비스'를 이용하면서 그녀들의 가장 이상적인 모습을 만날 수 있다고 말한다. 자기 주도적인 삶을 살고 자기 방식대로 일을 영위할 수 있는 상태의 그녀들. 이것을 일과 관련지어 보자면 요즘의 여러 가지 잡Job의 형태로 나타난다. 시간제, 프리랜서, 인디펜던트 워커, 디지털노마드, 1인 기업, 창업, 사업가 등으로 점점 더 다양해지고 있다.

이 중 특히 엄마인 여성에게 이상적인 직업을 꼽자면 '사업가'라고 생각한다. 사업가라고 말하면 다소 거창해 보일 수 있지만 내가 말하고자 하는 방향은 전혀 그렇지 않다. 1인 기업으로서 작은 사업을 혼자서 운영할 수 있고, 자신만의 일을 자유롭게 하는 프리랜서도 있다. 또는 육아하면서 소소한 취미로 경제활동을 하는 것도 사업가라고 한다면 사업가다. 어떠한 형태로든 만들어 질 수 있다.

단지 엄마가 된 여성에게는 육아와 가정의 균형을 맞출 수 있는 방식이어야 이상적인 모습이 된다. 그동안 내가 만난 수많은 엄마인 여성들이 같은 고민을 했다. 나 자신은 누구이고, 무엇을 해야 할지 모르겠다며 눈물을 흘렸지만, 끝내는 행복하게 자기 일을 하며 멋지게 살아가는 사람들이 많았다.

쉽지 않겠지만, 우리는 엄마들의 이상적인 삶을 영위하기 위한 노력을 멈추지 않을 것이다. 새로운 엄마 문화는 반드시 찾아올 거라 믿는다.

코로나19를 이겨낸 와디즈 펀딩 도전기

　코로나19 팬데믹 시절, 우리는 모든 프로그램을 온라인으로 운영했다. 가정에서도 편히 이용할 수 있도록 모든 과정을 제공하는 것이 더하트다운 서비스라고 생각했다. 그중에서도 출시 예정을 앞두고 있던 M4BT 진단지를 활용하여 무엇을 할 수 있을까를 생각하다가, 펀딩으로 가정용 키트를 만들어 보기로 했다. 우리는 '진단지'라는 신뢰도가 필요한 제품인 것을 감안해 와디즈 펀딩을 진행하기로 했다. 가정에서 생활하는 시간이 길었던 시기에 이 하나로 모든 프로세스가 가능하다는 컨셉과, 나에게 선물한다는 의미를 담아 제품명을 '투미박스To Me BOX'라고 명칭 했다. 펀딩 구성으로는 M4BT 진단지와 결과지뿐만 아니라, 더하트의 자체 출판사인 시즌비에서 출간한 책 1권과 셀프 워크북, 온라인 코칭 상담권까지 넣은 올인원All in one 박스로 만들어졌다.

와디즈 펀딩에 도전한 투미박스

결과는 200% 달성. 아주 성공적이라 할 수는 없지만 희망이 보였다. 가정에서 온라인 진단지와 셀프 워크북을 통해 자신을 알아가고, 온라인 커뮤니티를 통해 함께 활동하는 것이 가능하다는 것을 알게 되었다. 그리고 무엇보다 우리가 예상한 고객의 느낌과 가장 흡사한 사람들이 모였다. 그녀들은 서로의 고민을 터놓으면서 이구동성으로 말했다.

"진정한 나를 찾고 싶어요. 무엇을 어떻게 해야 할지 잘 모르겠어요."

우리가 원하는 시나리오대로 비마이시즌을 운영할 수 있을 것 같은 희망을 얻은 경험이었다.

한 사람에게 평생 잊지 못할 경험을 선물하는 것

우리의 핵심 서비스인 '엄마 종합 유형 검사 M4BT'를 알리기 위해 온라인 캠페인을 오픈했다. 코로나19 상황이 나아져 학교와 어린이집이 다시 문을 열었을 시점, 그동안 육아와 가정을 돌봐온 엄마인 여성을 응원하기 위한 <당신 있는 그대로 : 엄마 응원 캠페인>이라 불렀다.

캠페인은 한결같이 지키고 유지해 온 비마이시즌의 정체성을 다시 담아냈다. 우리의 진심이 통했는지 예상보다 더 많은 사람이 참여했고 인스타그램이나 블로그 후기가 저절로 생겨났다.

도서관, 문화센터, 공공기관 등 오프라인 채널에서 연락이 왔다. 비마이시즌의 브랜딩을 넘어 다양한 잠재 고객 연결을 만들어 준 결정적 계기가 되어 주었다.

비마이시즌은 프로그램 운영할 때, '비마이시즌다움은 이런 느낌이구나'라는 경험을 주려고 노력한다. 우리가 지향하는 사람 간의 관계 속에 상호 성장을 이루는 휴머니즘 커뮤니티가 되는 것이 목표다. 프로그램 시작 전 사람들에게 한결같은 메시지를 전하는 것도 그 이유에서다.

> "비마이시즌에서는 엄마인 '나' 그대로 인정받습니다.
> 비마이시즌에서는 상호 성장을 위해 함께 하는 연대를 지향합니다.
> 비마이시즌에서는 엄마라서 더 잘하고 멋지게 할 수 있는 일을 찾습니다.
> 비마이시즌에서는 지속 가능한 방법으로 일할 수 있는 가장 적합한 핏fit을 찾습니다."

그러다 보니 자연스럽게 참여자들의 환영 인사에 시간을 많이 쏟게 된다. 어떠한 모임에서 주변 사람들이 나를 어떻게 반겨주는지가 그 모임의 첫인상을 좌우하므로 그녀들이 누구이고, 왜 여기에 왔는지에 대해 집중하여 경청한다. 오프라인 프로그램이라면 커피와 다과도 하면서 편한 분위기로 진행된다. 수줍은 자기소개에도 최대한의 리액션과 관심 어린 질문으로 참여자를 환대한다. 최대한 가장 편안하게, 귀하게 대접받는다는 느낌을 전달하는 것이 핵심이다.

온라인 프로그램을 할 때도 마찬가지다. 온라인 진행이라고 해서 카메라 화면에 보이는 것만 준비하지 않는다. 오히려 더욱 섬세한 신경을 쓰려고 한다. 자택으로 미리 필요한 교재와 물품이 들어있는 키트를 보내

주고 직접 유선 연락을 통해 일정을 확인한다. 키트 안에는 향기로운 감성 문구의 카드가 동봉되어 택배를 받았을 때의 설렘을 주려고 노력한다. 평생 잊지 못할 한 경험, 결정적인 순간을 만드는 일이 비마이시즌의 존재 이유이다.

새로운 브랜드 론칭 스토리, 워크어스(Work Us)

올해 우리는 비마이시즌을 새롭게 리브랜딩 했다. 신생 스타트업이 얼마 되지 않은 브랜드를 바꾼다는 것은 거의 모험에 가까운 일이다. 그럼에도 불구하고 우린 변화를 감행했다. 그 이유는 커뮤니티 플랫폼으로 사람들이 모이는 구조로서는 사업 구조가 한정적일 수밖에 없다는 것과 앞으로 회사가 더 나아가기 위해 기획사로서의 기업, 사회적으로 하는 새로운 프로젝트를 플랫폼에 있는 사람들과 함께 하는 모델로 발전시키기 위해서다.

이즈음 우리는 이미 자연스럽게 다양한 형태로 사람들과 함께 일을 하는 구조가 되었다. '에세이북 프로젝트'에 참여한 작가가 그다음 에세이북 프로젝트의 에디터로서 활동하거나, '브랜드미 창직 프로그램'을 통해 양성된 진행자 스킬을 갖춘 마스터가 더하트 지역 프로젝트에 진행자로 활동하는 프리랜서가 된 것이 그 예이다. 다시 말해 우리는 준전문가, 전문가로서 활동할 수 있는 사람을 더 많이 양성하여 프로젝트 형태의 일을 맡기려는 기업과 기관에게 더하트의 기획력과 함께 인력을 제공하는 것이다. 기존에 있을 법하면서도 아직 잠재시장이라는 생각에 우리는 마냥 설레였다.

플랫폼을 론칭한다는 것은 험난하고도 재미난 일이다. 비마이시즌으로 경험이 있었지만 이번에는 좀 더 제대로 하고 싶었다. 그런 의지를 가지고 있을 때, 마침 운 좋게도 한국사회적기업진흥원의 지원사업에 통과되는 쾌거를 이뤘다. 전문가의 컨설팅을 바탕으로 플랫폼 제작을 할 수 있는 기회이었다. 뭔가 알고는 있지만 제대로 하고 있는 건지 헷갈렸던 부분을 이제는 제대로 할 수 있겠다 싶어 의지가 불타올랐다. 그렇게 다시 피땀을 흘리는 시간을 수개월 보냈다. 비마이시즌처럼 기초부터 탄탄히 브랜드 비전과 미션, 스토리를 만들어 나갔고, 콘텐츠 기획부터 제작까지 그것을 웹사이트에 UX·UI로 구현하는 것까지 전 과정을 팀원들과 함께했다.

그리하여 탄생한 새로운 브랜드는 워크어스Work Us. 우리와 함께 일을 할 수 있다는 의미를 쉽게 알리고자 지은 이름이다. 이를 다시 워크어스만의 관점으로 더하트를 생각해보면, 우리가 하려는 브랜드 방향성은 이렇다. 자신이 좋아하는 일을 찾아하고 싶은 여성이 경험이나 경력 부족으로 새로운 일을 찾지 못하거나 새 출발을 두려워하는 문제를 해결하기 위해 개인의 특성과 상황에 맞는 서비스를 제공하고 업무 경험을 일(프로젝트)로써 쌓을 수 있게 연결하는 곳.

모든 여성이 잠재된 가능성과 재능을 찾아 자신만의 서사를 만들어 갈 수 있는 곳이 되길 바란다.

사회적기업으로
도약하다

사회적기업이 되기 위한 노력의 발자취들

더하트는 설립 2년 만에 사회적기업이 되었다. 사회적기업에 대해 헷갈려 하는 사람이 많은데 '한국사회적기업진흥원'에서는 다음과 같이 정의하고 있다.

첫째, 영리기업과 비영리 기업의 중간 형태로, 사회적 목적을 먼저 추구하면서 재화·서비스의 생산·판매 등 영업활동을 수행하는 기업을 말한다.

둘째, 「사회적기업 육성법」에서는 사회적기업을 취약계층에 사회서비스 또는 일자리를 제공하여 지역주민의 삶의 질을 높이는 등의 사회적 목적을 추구하면서 재화 및 서비스의 생산·판매 등 영업활동을 하는 기업으로써 고용노동부 장관의 인증을 받은 기관으로 정의하고 있다.

셋째, 영리기업이 주주나 소유자를 위해 이윤을 추구하는 것과는 달리, 사회적기업은 사회서비스를 제공하고 취약계층에 일자리를 창출하는 등 사회적 목적을 조직의 주된 목적으로 추구한다는 점에서 차이가 있다.

위와 같은 설명도 중요할 것 같지만 한 마디로 사회적 기업은 국가 인증 제도로 까다로운 절차다. 더하트의 경우 한 번에 통과했다고 해도, 사회적기업 육성사업 1년, 예비 사회적기업 1년 총 2년의 세월이 걸렸다. '한국사회적기업진흥원'의 사회적기업 인증 조건을 맞추는 것에도 엄청난 양의 서류와 꽤 복잡한 과정들이 있었다. 진흥원 홈페이지에 게시된 인증 조건은 일곱 가지로 다음과 같다.

※ 사회적기업 인증 요건

1. **조직 형태** : 민법에 따른 법인·조합, 상법에 따른 회사, 특별법에 따라 설립된 법인 또는 비영리민간단체 등 대통령령으로 조직 형태를 갖출 것

2. **유급 근로자 고용** : 유급 근로자를 고용하여 재화와 서비스의 생산·판매 등 영업활동을 할 것

3. **사회적 목적의 실현** : 취약계층에 사회서비스 또는 일자리를 제공하거나 지역사회에 공헌함으로써 지역주민의 삶의 질을 높이는 등 사회적 목적의 실현을 조직의 주된 목적으로 할 것

4. **이해관계자가 참여하는 의사결정 구조** : 서비스 수혜자, 근로자 등 이해관계자가 참여하는 의사결정 구조를 갖출 것

> 5. **영업활동을 통한 수입** : 영업활동을 통하여 얻는 수입이 노무비의 50% 이상일 것
>
> 6. **정관의 필수사항** : 사회적기업육성법 제9조에 따른 사항을 적은 정관이나 규약 등을 갖출 것
>
> 7. **이윤의 사회적 목적 사용** : 회계연도별로 배분 가능한 이윤이 발생한 경우에는 이윤의 3분의 2 이상을 사회적 목적을 위하여 사용할 것

정식 사회적기업이 되기까지는 사회적기업 육성사업에서 예비 사회적기업으로 과정을 거치며, 위의 조건을 모두 충족해야만 인정받는다. 여간 어렵지 않은 과정이다. 더하트의 경우는 기본 요건을 충실히 한 것도 있었으나, 경력보유여성을 위한 솔루션을 진행하는 것으로 어필했다. 게다가 경력보유여성의 일자리 창출을 위해 애쓰고 있다는 점에서 꼭 되어야 한다는 당위성을 주장했다.

수많은 담당자들을 만나도 경력보유여성에 대한 이해를 충분히 받지 못했던 것은, 그들이 남성이라는 것만이 이유는 아니었을 것이다. 좀 더 당당하게 주장할 수 있는 분명한 목적이 필요했다. 실제로 우리의 솔루션은 경력보유여성의 일자리 창출로 연결되는 경험이 많았으니 우린 당당히 말할 수 있었다.

- 충북 지역의 여성 인력 개발센터의 온라인 마케터 20명
- 한국전기 안전공사의 기자단 15명
- 지역 축제 운영 인력 10명

이렇게 눈에 보이는 수치화 된 성과들로 그들을 이해시켰다.

한편 나는 어린이집을 운영했었던 사람으로 정부 관할 부처의 엄격한 기준과 복잡한 과정을 잘 알고 있다. 이럴 경우 사업가에게 필요한 것은 유연한 태도이다. 모르는 것이 생기면 물어보고 배워서 해보겠다는 자세와 잘못은 인정하고 바로 개선하려는 의지는 사람의 마음을 움직일 수밖에 없다.

더하트가 2년 만에 바로 사회적기업이 될 수 있었던 것은 여러 기본이 충족된 사항이 있었지만, 나는 '제대로', '확실히'라고 말하고 싶다. 다른 세상의 어떠한 일에도 이 두 가지는 늘 기본이 되지 않을까.

사회적기업 대표의 마인드

"사회적기업입니다"라고 말하면, 열 중 아홉에게는 "그거 좋은 일이지만 돈 못 버는 거 아닌가요?" 이런 말이 돌아온다. 결론부터 말하자면 이 말은 반은 맞고 반은 틀리다. 정답은 앞서 말했던 사회적기업의 구조와 운영 기준에 있다.

사회적기업으로서 영리 추구를 하지 않아야 하는 것은 아니다. 우선 기업으로서 생존을 하기 위한 영리 추구를 해야만 한다. 다시 말해 기업으로서 돈을 버는 구조를 시스템으로 구축하지 않으면 살아남지 못 한다는 말이다. 기업의 생존은 경영, 전략, 회계, 마케팅 구조에서부터 조직 운영 관리 등의 다양한 사항이 수반된다. 이 모든 것들이 유기적으로 돌아가고 지속 가능해야 비로소 회사로, 기업으로 인정 받을 수 있다.

기업으로서 생존할 수 있는 힘을 갖춘 다음은 사회적 기업으로서의 역할을 해야 한다. 일반적으로 생각하는 기부, 사회 환원을 뜻하는 것은 아니다. 사회적기업으로 인증을 받았을 때, 그 기업의 목표가 한 사회에 가치 있는 일이면 충분하다. 앞서 말했듯 더하트는 경력보유여성의 사회 재진출을 위한 교육과 실질적인 일자리 창출이라는 사회적 가치를 만들어 내고 있다. 어딘가에 돈을 환원하거나 기부하지 않아도 '비즈니스로의 사회적 역할'을 하는 것이 진정한 사회적 기업이라고 할 수 있다.

무엇보다도 중요한 것은 대표자 마인드다. 나는 창업 교육이나 코치, 컨설턴트로 활동하므로 다양한 영역에서 창업자를 만나는데, 대표자의 마인드에 따라 기업의 모든 것이 달려있다고 해도 과언이 아니다. 왜 창업을 했고 해당 분야를 선택했는지, 앞으로 어떤 산업에 관심이 있는지에 따라 회사가 나아가야 할 방향성은 천차만별로 바뀐다. 문화 사업을 접고 청소업을 시작했다고 들리는 어떤 회사의 히스토리는 십중팔구 대표자의 생각에서 비롯된 것일 거다. 사회적기업에서 대표자의 마인드가 더욱 중요하다고 하는 것은 바로 이 때문이다. 어떠한 사회의 문제를 해결하기 위한 사명과 소명을 가지고 있는 기업이 중간에 비전이 바뀌거나 서비스를 바꾼다는 것은 여간 어려운 일이 아니다. 한 방향으로 계획하고 원하는 비즈니스를 영위하려면 누구보다도 단단한 의지와 소명 의식을 가지고 있어야 할 것이다.

스타트업의
'그 무엇도
포기하지 않도록'

스타트업 대표의 성장통

"대표님, 드릴 말씀이 있습니다."

팀원이 갑자기 할 말이 있다며 면담을 신청하는 경우 가장 긴장한다. 십중팔구 업무가 너무 힘들다고 하거나, 급기야는 퇴사를 이야기하기 때문이다. 스타트업의 빠른 전환과 성장이라는 특징으로 인한 조직의 변화가 잦은 것은 자연스럽다지만, 관계 중심의 감성적인 성향을 보이는 내게 '사람을 떠나보내는 일'은 여전히 어렵다.

열 명 남짓의 작은 조직에서 사람이 한 명 바뀌는 것은 휘몰아치는 소용돌이와도 같다. 이마저도 한두 번 쌓이다 보니 '아름답게 이별할 수 있는 성장통'에서 또 다른 고민도 하게 되었다.

'우리 회사를 떠나는 이유는 무엇일까?'
'오래도록 일하는 회사를 만들기 위해 내가 할 수 있는 일은 없을까?'

앞으로 나아갈 수 있는 생산적인 답을 얻는다면 성장통에만 그치지 않을 수 있으리라.

사람을 관리하는 일도 나에게는 진심으로 최선을 다하고 싶은 일 중 하나다. 더하트에 몸담은 팀원이라면 개인의 더 나은 발전과 성장을 꼭 이뤄내기를 바란다. 개인의 성장은 회사의 비전과 한 방향으로 할 때 그 의미가 있으므로 회사에서 하는 일은 그 사람의 역량에 긍정적인 시너지를 주고 지속 강화할 수 있도록 한다. 모든 사람이 한곳에 오래 머무를 수 없는 것은 당연하고 떠난다는 것은 또 그 사람에게 또 다른 기회를 의미한다.

'퇴사'는 개인의 성장이자 성공이라고 생각을 바꾸자 다른 시각을 갖게 되었다. 우선 퇴사하는 팀원에게 손뼉을 쳐주며 앞길을 응원했다. 계속 함께 하지 못하더라도 더하트의 성장 또한 계속될 것이라는 메시지도 전해주었다. 일이 재미없다거나 회사에 장래성이 없어서 그만둔다는 절망적인 상황은 만들지 않고 오히려 그동안 쌓은 노고를 인정해 주었다. 더하트는 이처럼 아름답게 관계하고 이별하는 성장통도 이겨내야만 했다.

건강한 조직을 만드려는 집념

리더라고 불리는 것은 어색하기만 하다. 스타트업 대표로서의 리더는 학창 시절의 반장, 회장 같은 경험과는 전혀 다른 차원의 영역일 수밖에 없다.

'진정한 리더가 되기 위해 내가 갖춰야 하는 것은 무엇일까?'

수없이 스스로 질문했다. 관련 도서를 뒤지고 해답을 찾으려 애썼다. 그럴수록 혼란은 더해져만 갔다. 이끄는 리더가 될 것인가, 섬기는 리더가 될 것인가에 대한 방향성에서부터 통찰력, 결단력 같은 리더 역량의 다양한 방법론이 더 멀게만 느껴졌다. 무엇을 나에게 적용하고 어떻게 성장해야 하는가의 답은 여전히 어렵기만 하다.

빠르고 유동적으로 운영되는 스타트업의 특성상, 대부분의 스타트업은 수평적인 조직 문화를 지향한다. 우리 회사도 마찬가지다. 다른 점이 있다면 그 안에서 팀원들의 평등한 관계를 만들어 가려는 더하트만의 조직문화다. 예를 들자면 이런 것인데, 전체 아이디어 회의 때 모두가 의견을 내고 그 중 가장 베스트 의견으로 결정한다. 발의자의 직책이 높고 낮고, 나이가 적고 많고는 아무런 영향이 없다. 누가 먼저 발언을 해야 한다는 순서 또한 정하지 않는다. 자율적인 분위기에서 자유롭게 자기 생각을 말하고 남의 아이디어를 함부로 평가하지 않는다. 대표라고 해서 나의 의견이 채택되지 않는 것이 당연하고, 가장 어린 팀원의 좋은 아이디어로 결정되는 것이 자연스럽다.

세상에는 다양한 일하는 방식이 존재한다. 특히 요즘 같은 스마트 환경이 발달한 사회에서는 자신에게 맞는 근무 환경과 업무 기기들이 넘친다. 스스로 주도하는 업무수행 방식을 선택할 수 있고, 업무 장소도 자신에게 맞는 최적화된 공간이 더 효율적이다. 따라서 더하트는 재택근무를 겸하는 '하이브리드 근무제'를 운영한다. 주 2회 재택근무와 근무시간을 자율적으로 정할 수 있는 탄력 근무를 겸한다. 이는 더하트의 '개인의 일하는 방식에 대한 존중'과 '상호관계의 믿음과 신뢰'를 뜻한다. 회사와 팀원 간의 신뢰와 믿음은 기본적인 필요충분조건이다. 회사는 팀원들이 존중과 안정감을 느낄 수 있는 근무 문화를 조성하는 반면에 팀원은 주체성을 가지고 본인의 책임을 다할 때 생긴다.

반면, 나의 '진정한 리더의 모습'을 찾는 일은 현재진행형이다. 달라진 점이 있다면 수많은 조건 중에 놓치지 않으려는 한 가지 기준이 분명히 생겼다는 거다. 사업을 시작한 이전부터 지금까지 이것만은 꼭 이루고 싶었다.

'더불어 가는 사회를 함께 만들어 가는 건강한 조직을 만들자.'

물론 건강한 조직의 기준은 전적으로 '팀원' 기준이다. 다양한 성향을 가지고 있는 개개인의 관점을 존중하고, 서로를 존중하며 협업하는 문화를 만드는 것을 지향한다. 또한 서로를 믿고 존중하며, 솔직한 의사소통을 통해 신뢰를 쌓아가는 것. 팀원들은 일에 대한 열정과 자부심을 가지고 일하며 서로를 격려하고 지원하는 긍정적인 분위기를 만드는 것. 자기 주도적 문제 해결력으로 자신의 의견을 제시하여 공동체로서의 결정을 내릴 수 있는 것.

이처럼 더하트를 이루는 그들이 직접 선도하는 조직문화가 가장 건강하다고 생각한다.

일 잘하는 사람이 모여 있는 곳

더하트의 경영시스템은 '사람'이다. 회사에서 정하는 관리 시스템에 연연하기보다는 사람의 자주적 업무 태도 즉 '일잘러(일 잘하는 사람) 시스템'에 의존한다. 팀원 개인이 얼마나 잘하고 못 하는가를 평가하고자 하는 일잘러의 의미는 아니다. 현재에서 한 단계 더 나아가기 위한 '더하트의 시스템'을 만드는 것이 목표라면 목표다. 그리 어렵지는 않다. PM~Project Manager~이 업무를 진행하는 프로세스가 매뉴얼화 되어 있어서, 누구든지 프로젝트를 맡는 PM이라면 더하트 방식의 기획과 운영을 할 줄 아는 것이고, 외부 영업 미팅을 한다면 상대 파트너와 소통하는 방식을 더하트답게 하는 것이다. 이메일 내용을 작성할 때의 메뉴얼이라든지, 문자를 주고받을 때 나누는 대화에 꼭 들어가야 하는 문구를 정한다든지 하는 더하트 기준의 일잘러 방식이 있다. 사소하지만 이러한 메뉴얼은 누구나 일을 잘할 수 있게 하고 성과와 결과로 돌아오게 한다.

한편으로 일은 일이 된다. 아무리 재미있고 흥미가 있었던 분야나 업무로 시작했더라도, 일하는 과정 중에 무료해지거나 자신에게 힘겨운 상황은 있기 마련이다. 오래도록 지치지 않고 유지할 수 있으며, 그 안에서 자신의 가능성을 꺼내는 사람은 자신에 대한 진심의 마음이 있어야 한다.

> "자신에게 맞는 멋짐을 갖으세요. 인생에 대한 태도와 일의 자질 뭐라도 좋습니다. 바로 지금, 여러분의 최선은 현재의 멋짐을 갖는 겁니다."

모두가 함께 하는 회의에서 마무리하며 했던 말이다. 더하트가 원하는 일잘러는 자신의 위치에서 최선을 다하고 자기답게 일 잘하는 방법을 스스로 찾는 자신만의 멋짐을 갖는 것. 나는 한 사람의 멋짐이 모여 하나의 더 멋진 회사를 만들고 싶다.

불가능을 극복할 용기 있는 태도

30대부터 사업 전선에 뛰어들면서 가장 크게 배웠던 것은 '사업이란 안 되는 일을 되게 만드는 것'이라는 거다. 돌이켜보면 사업은 정해진 대로 되는 것도 아니지만 그렇다고 뭐하나 쉽게 이루어지지도 않았다. 모르는 것이 생겼을 때는 적극적으로 알아보고 배우려는 열정이 필요했고, 복잡하게 얽혀 있는 상황에는 실마리 하나하나 끝까지 풀어가려는 인내심과 의지가 필요했다. 사업이란 나에게 늘 답이 없는 과제와도 같았다.

사회적기업의 특성상 더하트는 우리를 관리하는 관리 주체에 따라 작성해야 할 서류가 꽤 많다. 이를 담당하는 경영지원팀의 매니저는 한 달 일정을 나누어 매일의 업무가 정해져 있을 정도다. 내가 옆에서 지켜보고 있노라면 수시로 구청이나 사회적기업 담당자와 소통하는 게 귀찮게 느껴질 때도 있을 텐데 항상 웃으면서 업무를 보는 게 신기했다. 더구나 어떤 날은 팀원의 채용 서류를 처리하는 것에 열 번 이상의 통화를 하는 모습에 나도 모르게 이런 말이 툭 튀어나왔다.

"보람 님은 그렇게 통화가 여러 번 오고 가는 것이 짜증 나지 않아요? 나라면 못했을 것 같아요"

사업이란 늘 답이 정해져 있는 것이 아니라, 찾아가는 것이라는 깨달음을 얻은 순간부터 나는 항상 '불가능을 가능하게 만들어 가는 태도가 중요하다'고 생각해 왔다. 그래서 입버릇처럼 이런 말을 했다고 한다.

> "세상에는 안 되는 일이란 없어요. 되게 만드는 방법을 찾는 거예요. 그건 사업이 아니라 우리 인생에도 똑같이 적용할 수 있는 법칙입니다."

내가 경영지원팀 매니저의 극한 상황에 어떻게 견딜 수 있냐고 물었을 때, 돌아온 대답이 그랬다. 대표님이 늘 말한 것이라며 피식 웃으면서 자신도 되게 하는 방법을 찾고 있는 것뿐이라 했다. 불가능을 극복하려는 용기는 옆 사람에게도 전염되는 것 같다.

현장에 예기치 못한 일이 벌어지는 일은 다반사지만, 좀 더 다이내믹한 환경도 있다는 것을 몸소 배운 적이 있었다. 2021년, 비마이시즌의 핵심 서비스인 M4BT를 와디즈 펀딩으로 오픈했을 때의 일이다. 실물 제품을 제작하는 일이었기에 준비 과정에서부터 마지막까지 가장 많이 신경을 쓴 건 고객의 마지막 경험을 장식할 실물 박스 재료와 소품들이었다.

실물 제품을 제작하기 위해 준비 단계로, 필요한 물품을 구입하기 전에 견적을 줄이기 위한 업체 비교를 반드시 진행한다. 직접 시장에 나가서 흥정 또는 협상해야 하는 일도 많다. 투미박스를 제작할 그 당시에는 우리에게 코로나19를 이겨낼 중요한 프로젝트라 생각했기 때문에, 나 또한 열을 올리고 있던 참이었다. 방산시장, 을지로, 충무로 일대를 다니는 것을 마다하지 않았다.

> "손으로 만지면 안 됩니다."
> "수량이 최소 1,000개 이상은 되어야 거래할 수 있어요."

시장에는 우리가 전혀 예상하지 못한 매서운 눈초리와 투박한 말투의 현장 종사자들이 있었다. 팀원들은 모두 위축되었고 여기저기를 돌아다녀도 똑같은 반응에 어쩔 줄 몰라 했다. 사무실에서 근무하는 우리들은 대처할 방법은 무엇일까를 빠르게 논의했다.
결론은 우리도 시장 사람들의 방식으로 배짱 있게 해 보는 것이었다.
문을 열고 들어가자마자 의자에 앉아 당당하게 말하자, 최소 수량이 몇 개인지를 먼저 묻고, 이번에는 수량이 적지만 2차 추가 수량이 있다며 선수를 쳐보자는 작전 아닌 작전을 모의했다.

"우리가 당당하게 나가니 사장님들이 오히려 더 잘해주시는 것 같아요."
"저는 여기까지 직접 가져다주셔서 깜짝 놀랐어요."
"다음에도 또 오면 잘해 주신다고 했어요."

우리의 말도 안 되는 용기가 웃프(웃고도 슬픈)다고 느끼기도 했지만, 불가능을 가능하게 만드는 의지는 더하트 안에서 물들어 가고 있었다.

스타트업 팀원의 필요한 덕목

프로젝트 기반의 비즈니스 구조를 갖는 더하트는 팀원들이 모두 PM이다. PM은 Project Manager의 줄임말로 프로젝트의 진행을 총괄적으로 책임지는 사람을 뜻한다.
예를 들어 교육 프로그램을 진행하는 PM이라면, 기획-예산-운영-결과의 프로세스를 처음부터 끝까지 운영하는 사람이 된다. 간략히 말해 그렇지, 운영에는 홍보 마케팅뿐만 아니라 참여자 관리 등의 고객서비스와 교육 현장 조성의 공간설계 영역 등 파생되는 업무가 꽤 많다. 이 일을 소화하기 위한 PM의 업무 역량도 다양할 수밖에 없다.

또는 '미니 CEO'로 불리는 PO, 프로덕트 오너Product Owner라는 명칭도 자주 들린다. 프로덕트 오너는 프로덕트의 기획 단계부터 디자인, 개발, 출시, 분석까지 모든 과정을 책임지는 사람으로 쿠팡은 내부 조직을 'PO' 중심의 소규모 단위로 운영한다고 한다. 프로젝트에 따라 유동적으로 팀을 구성하고 해체한다. 대기업이 아니라 스타트업 방식 접근이다.

"우리 회사의 PM은 프로젝트에 필요한 모든 일을 잘합니다."

외부 사람을 만날 때면, 늘 강조하고 어필하는 말이다. 더하트 삼 년 차, 이제는 스타트업의 특성뿐만 아니라 우리만의 PM 기준이 정립되었다고 생각한다. 구체적으로 설명하자면 이런 것이다. 우리의 PM은 디자이너가 아니더라도 해당 프로젝트의 비주얼 브랜딩에 대해 고민하고 필요한 디자인 물을 제작한다. 기획안의 초안을 밤낮으로 작성하여 며칠 만에 뚝딱 끝내며, 현장에 나가서는 고객들을 위한 물품들을 살뜰히 챙긴다. 이렇게까지 될 수 있었던 것은, '우리는 맨땅에서 시작했다'는 것과 '프로젝트를 성공시키면서 1부터 10까지 해내야 하는 경험'을 쌓았기 때문일 거다.

앞서 더하트는 프로젝트를 총괄하는 PM제로 운영되는 회사라고 말했지만, 그렇다고 다 되는 것은 아니다. 프로젝트 규모가 크거나, 시간에 쫓겨 일정이 촉박할 때는 혼자서 모든 것을 감당할 수 없다. 옆 팀원들이 도와줘야 하는 경우도 많다. 이럴 때 팀원들은 한마음이어야 프로젝트가 흔들리지 않는다. 자신의 의견이나 기준을 낮추어야 하는 경우도 있고, 자신이 맡은 일보다 다른 사람의 일을 먼저 해야 하는 경우도 있다. 남을 생각하는 '이타심'이 스타트업 협업에서 중요한 부분이 된다.

우리 회사에서는 한 달에 한 번 '미미위데이MemeWeDay'라고 부르는 팀 전체 워크숍을 진행한다. 미미위데이는 '너와 내가 만나 우리가 된다'는 뜻으로 서로가 다른 팀원들이 서로 화합하고 소통하기 위한 장으로 독서 모임이나 스터디로 시작했다가, 이제는 팀원들 서로가 주도하여 만들어 가는 날로 진화되었다. 누군가 한 명의 팀원이 기획하고 운영하는 '미미위데이'로, 자신이 다른 팀원에게 전하고 싶은 주제나 경험을 나누는 방식으로 바뀌었다. 예를 들자면, 커피를 좋아하는 팀원이 커피 지식을 전하고 자신이 좋아하는 카페를 소개, 직접 가서 함께 마시기를 해보는 방식이다. 이렇게 너와 나, 우리가 되는 한 마음을 만들어 가는 것은 스타트업의 화합과 협업에 아주 중요한 것으로 생각한다.

좋아하는 일을 함께 즐기며 성장한다

스타트업에서 일하면서 팀원의 입장에서 부정적인 면도 많다. 그중에 꼽히는 것은 업무의 범위가 넓고 빠르게 전환된다는 것이다. 이를 설명하자면, 마케터로 입사한 구성원이 기획 업무를 확장해서 해야 한다거나 디자인 제작을 하게 되는 경우다. 사실 나는 채용 면접 시 이를 솔직히 말했음에도, 팀원들에게 미안한 마음을 가지고 있었다. 대기업의 업무 시스템처럼 자신의 역량을 잘 펼칠 수 있도록 한 분야의 업무만 집중할 수 있으면 좋을 것 같았기 때문이다.

더하트의 미미위데이

그러던 어느 날, 한 팀원이 내게 이렇게 말했다.

> "대표님, 저는 더하트에 와서 많은 일을 해낼 수 있었던 것 같아요. 저는 개발자이지만, 단순한 디자인이 아니라 출판을 위한 도서 디자인도 했고 콘텐츠 제작의 범위도 아주 넓어졌거든요. 새로운 일을 할 수 있다는 것이 아주 재미있어요."

개발자로서 소프트웨어 개발을 하고 UX·UI를 고민하던 친구가 필요할 때는 도서 제작에 참여해 책 디자인을 했고, 콘텐츠 물 제작도 했다는 것이었다. 사실 이 팀원은 무엇이든 도전하고 시도해 보려는 열정을 가지고 있기도 했지만, 무엇보다 자기 일을 좋아하는 태도가 항상 멋진 팀원이다. 좋아하는 일은 그 무엇이라도 즐길 수 있는 일이 된다는 것을 나도 처음 배우게 된 날이었다.

반면 내가 팀원들에게 자주 하는 말 중의 하나는 이것이다.

"여러분 개인의 성장이 곧 더하트 회사의 성장입니다."

회사가 성장하려면 회사에만 초점을 맞추는 것은 의미가 없다. 회사를 이루고 있는 구성원 개인 개인이 성장해서 전체 회사의 성장을 이루는 것이 오래도록 회사가 유지될 수 있는 이상적인 방법이라고 생각한다. 그래서 수시로 팀원들과 이야기를 나눌 틈이 생길 때면 개인에 대한 질문을 하려고 노력한다. 개인의 관심사나 취미, 사소하게는 보고 있는 넷플릭스 프로그램 같은 것들도 팀원을 이해하기 위한 좋은 수단이 된다. 우리가 비즈니스를 한다고 할 때는 그것이 제품이든 서비스이든 특정한 누군가를 위해서 하는 것은 불변의 이치다. 여성의 지속 가능한 삶을 위한 솔루션을 지향하는 더하트 또한 마찬가지다. 이는 누군가를 위해 일하는 것이고 사람이 일하는 것이라고 표현할 수 있다. 따라서 나는 함께 생각을 나누고 즐길 수 있는 일을 찾는 것이 더하트의 방식으로, 사람의 가치를 우선으로 삼아 일하는 더하트가 되길 바란다.

여성이기에 가능한 창업

여성 창업가 커뮤니티에서 한 대표님이 말했다.

"내년에 결혼해서 한동안 사업을 하지 못할 것 같습니다."

한창 사업이 확장되고 있는 시점에 이유가 무엇이냐 되물었더니 아이를 바로 낳을 계획을 하고 있고, 육아가 이어지면 당연하지 않냐는 답이 돌아왔다. 워낙 진취적인 성향에 물불 가리지 않고 사업에 뛰어든 그 대표님의 성향을 잘 이해하고 있는 나로서는 놀라지 않을 수 없었다. 보통의 여성들은 여전히 그런 선택을 하고, 우리 사회는 아이를 낳고 일을 하기에 제약이 많다는 건 안타까운 현실임에 틀림없다. 하지만 조금 다른 관점으로도 바라봐 주기를 바라며 이렇게 말을 이었다.

"아이를 낳아 엄마가 된다는 것은 정말 축복받는 일입니다. 부부의 인생에서 가장 중요한 일인 것도 맞습니다. 하지만 우리는 한 여성으로서도 살아가고 있잖아요. 스타트업 대표로서 책임을 다하고 있고요. 이를 대표님의 기업에 착 녹아든 시스템과 문화로 만든다면 어떨까요? 저 역시 엄마인 여성의 삶을 변화시키고자 하는 더하트컴퍼니를 운영하고 있고 개인적으로도 고민하는 부분인데요. 여전히 엄마인 여성도 일을 할 수 있는 환경은 우리가 만들어가는 것이 필요한 것 같아요."

한편 나는 여성이라서 더 잘할 수 있는 일이 있다고 말해왔다. 더구나 여성의 특정 능력과 관련된 아이디어나 경험을 바탕으로 할 수 있는 아이템들이 무궁무진하다. 예를 들자면 가족, 육아, 건강, 웰빙 등과 관련된 제품이나 서비스를 개발할 수 있는 능력이 잠재되어 있다. 실제로 아이의 플라스틱 약병을 개선하고자, 실리콘 소재의 다회용 약병을 개발한 '쭙ZZUP'이라는 기업은 와디즈 펀딩에서 단번에 일억 원이 넘는 매출을 일으켰다. 또 다른 잠재시장인 제품으로 패션, 헬스, 뷰티 분야에서 탁월한 성과를 내는 브랜드들도 있다. '내용물부터 패키지까지 친환경 비건 립스틱 율립YULIP', '고체 치약, 고체 올인원샴푸', '100% 식물성 대나무 칫솔을 비롯한 일회용 플라스틱', '어매니티를 대체하는 플라스틱 프리 제품 이든IDDEN' 이들은 모두 창업자가 여성이며, 결혼한 이후 육아를 하면서 고찰된 관점들을 바탕으로 현재의 사업을 진행하게 되었다. 여성 창업가라서 더 잘할 수 있는 일은 너무나 많다. 특별한 사업 아이템이 될 수도 있고, 여성으로서 가진 능력으로 개발할 수 있는 영역일 수도 있다. 나는 자신이 가지고 있는 독특한 경험과 역량을 활용한다면 여성이라서 더 잘 할 수 있는 비즈니스를 창출하고 성공할 수 있음을 보여줄 수 있다고 생각한다.

사업가로 살아가는 나만의 리추얼 '스위치'

스타트업은 언제나 예상치 못한 일이 생긴다. 내가 아무리 긍정적인 성격을 가지고 있다 해도 해결할 수 없는 힘든 일이 다반사로 펼쳐진다. 어떻게 하면 극복할 수 있을까를 고민하다가 매일 지켜나가는 나만의 리추얼이 생겼다. 바로 '독서·인적 네트워크·가정과 나의 밸런스'이다. 나는 이를 '스위치'라고 부른다.

나는 활달하고 밝은 성격을 지녔다. 요즘 유행하는 MBTI로는 타고난 'E형'이기 때문에 처음 만나는 사람들과도 스스럼 없이 분위기를 잘 만드는 편이다. 이런 나의 성격은 사업가로서 강점으로 작용하기도 하지만, 사람들과 있으면서 소모된 에너지가 나를 지치게 만들기도 하기에, 때로는 혼자서 나 자신을 돌아보며 사업가로서의 태도에 대해 고민하기도 한다.

'그 사람의 인격은 그가 읽은 책으로 알 수 있다.'

어딘가에서 읽은 한 문장에 손뼉을 탁하고 쳤던 기억이 있다. 나는 스스로를 '책 읽는 사람'이라고 말하지 않는다. '책대로 실천하려는 사람'이라고 말한다. 지난 시간을 돌아보면 독서는 내게 새로운 일을 시작할 기회를 만들어 줬다. 독서는 기획, 경영, 마케팅, 콘텐츠, 브랜딩 등 내가 전혀 알지 못했던 분야를 배우는 가장 쉬운 방법이 되어 주었다. 배달의민족, 마켓컬리, 토스와 같은 스타트업이 어떤 과정을 통해 유니콘 기업이 되었는지도 샅샅이 알게 해 주었으므로, 어쩌면 내가 포기하지 않도록 잡아주는 선생님, 코치와 같은 역할도 해 주었다. 책이 그 사람의 인격으로 발전한다는 말에 공감할 만하지 않겠는가?

인간관계를 우선순위로 생각하는 건 엄마로부터의 영향이다. 나는 쌍둥이로 태어나 어디에서나 사람들의 관심을 받곤 했는데, 엄마는 모르는 사람에게도 인사를 잘해야 한다든지 학교생활을 바르게 잘해야 한다고 늘 말씀하시곤 했다. 한 마디로 엄마의 기준은 모범생과 착한 아이였다. 그것이 영향을 주었는지는 잘 모르겠지만, 주변에는 친구들이 많았고 성인이 된 후에도 그랬다. 회사 선배의 추천으로 가고 싶은 기업에 이직하게 되었던 일, 어린이집 교사 자격증을 위해 실습을 하러 갔던 어린이집 원장님과의 인연으로 취업까지 이어지게 된 일, 알고 지낸 선생님의 소개로 출판사 대표님을 만났다가 책 출간까지 이어졌던 일, 1인 기업 맘메이트 연구소에서 만난 사람들이 지금의 더하트 팀원으로 연결된 일 등등 셀 수 없이 많았다. 그러니 인간관계가 그 무엇보다 중요할 수밖에 없다.

잠시 떠난 휴가지에서 인스타그램 게시글을 하나 올렸다.

'가정과 일 사이, 가족과 조직 사이, 엄마의 역할과 대표 직책 사이'
'아주 가늘게 지키고 있는 내 이름 석 자. 가끔 나만의 시간도 필요하죠.'

혼자 하늘을 바라보는 사진과 함께 아이 셋 엄마와 스타트업 대표 그리고 나 자신과 역할 밸런스에 대한 고민의 글을 남겼다. 나를 둘러싼 환경은 바뀌지 않으므로 여러 역할과 그 역할의 의무들이 버거울 때는 가끔 자신도 돌보자는 의미였다. '나'와 '역할 밸런스'가 조화롭게 맞춰져서 안정감 있게 일 할 수 있는 마인드를 갖게 되길 늘 소망한다.

미래지향적인 비즈니스를 향해

2023년의 IT 트렌드로 각종 소프트웨어와 모바일 앱이 하나로 통합되는 추세가 이어질 것이란 전망이다. 일론 머스크가 트위터를 인수한 후 슈퍼 앱으로 만들겠다고 선언한 바 있고, 이미 많은 플랫폼과 데스크탑용 소프트웨어, 모바일 앱이 하나의 소프트웨어에 여러 기능과 외부 소프트웨어를 연결하고 있다. 여러 파편화된 기능과 서비스를 한 곳에서 모두 통합하고 대체하는 추세가 더욱 거세진다고 하니, 워크어스 역시 계속 진화하는 플랫폼이 되어야 한다고 생각한다.

비즈니스는 항상 진화한다. 시대의 흐름에 발맞춰 새로운 형식의 비즈니스 모델이 탄생하고 새로운 트렌드의 서비스가 생겨난다. 최근 인공지능 발전 속도가 급격히 빨라져서 GPT-4와 인공지능의 대중화가 빠르게 진행되는 실정이다. 인공지능으로 대화하면서 프로그래밍하도록 지

2023독서토론한마당 워크숍

시하거나, 원하는 키워드나 사진을 넣어 수준 높은 그림을 만들어 내는 일은 이제 누구라도 할 수 있다.
라이프스타일 비즈니스 포럼 '우먼테크'편에서 모더레이터를 진행하며 만났던 한 대표님의 의견은 이랬다.

"언젠가 테크 접목은 당연한 비즈니스가 될 것입니다. 테크 기반 비즈니스는 최신 기술과 정보 기술을 활용하여 제품 또는 서비스를 개발하고 제공하는 비즈니스 모델을 의미합니다. 기술의 진보와 디지털 혁신에 의해 촉진되었으며, 디지털 경제에서 매우 중요한 역할을 합니다. 따라서 잘 모른다고 해서 가만히 있는 것은 시대에 뒤처지는 게 될 뿐입니다."

또 다른 에듀테크 전문가는 교육의 시대적 변화에 대해 이렇게 언급했다.

> "글로벌 시장에서 에듀테크는 점점 시장이 커지고 있으며 한 개인의 평생 교육 개념으로 확장되었습니다. 기존의 일방적인 티칭, 즉 주입식의 교육은 더 이상 가치가 없습니다. 맞춤식 코칭의 형태로 스스로 실행하고 수정할 수 있도록 도와주는 상호 커뮤니케이션 방식으로 바뀌어 갈 것입니다."

에듀테크 비즈니스는 다양한 형태로 나타난다. 온라인 교육 플랫폼의 모델로 학습자들이 인터넷을 통해 접근할 수 있는 온라인 강의, 교재, 연습 문제, 토론 그룹 등을 제공하거나, 인공지능(AI) 및 기계학습 기술을 활용하여 개별 학습자의 강점과 약점을 식별하고 맞춤형 학습 경로를 제공하는 학습 솔루션을 제공할 수 있다. 이는 학습자의 학습 결과를 모니터링하고 교사나 학부모와의 의사소통을 강화하여 더욱 성공적으로 학습할 수 있도록 돕는다.
나는 팀원들에게 항상 이렇게 말한다.

> "워크어스가 더 나아가기 위해서 우리는 에듀테크 기업으로 나아가야 합니다. 요즘의 트렌드와 우리 고객의 특성을 고려하여 더 나은, 편한 서비스로 발전해야 해요."

IT에 대해 문외한이고 지극히 문과 성향을 가진 나지만 시대의 흐름에 맞는 판단을 하는 것이 창업가의 관점이라고 생각한다. 시대에 맞추어 우리 비즈니스가 어떤 형태가 되어야 할지 고민하고, 이는 테크 기반한 접목을 꼭 해야만 한다는 것이 시작일 거다. 멀지 않은 미래에 아무것도 모르는 '여성 창업가와 신생 팀이 아주 기막힌 혁신의 플랫폼을 출시했다'라는 상상만으로도 기분 좋은 소식이 퍼지기를 기대한다.

에필로그

이지태스크 **전혜진**

　스스로를 그렇게 긴 시간을 들여 바라본 적이 있었는지, 돌아보아야 당연한 것들을 제대로 돌아볼 시간도 없이 달려왔다. 지난날의 내가 안쓰럽고 기특하기도 하다. 나에 대한 이야기를 풀어놓고 나니 신기하게도 남의 이야기도 들리기 시작한다. 성장을 위해 차단했던 감정이 올라오며 다른 분들도 다들 힘든 시기를 나보다도 더 대단하게 버티며 단단해지고 계신다는 생각이 들었다. 소수의 여성 대표로서 다른 사람들과 공감대를 형성하는 것이 쉽지 않았던 세월을 보내면서, 나와 같은 길을 걷는 사람들과 이야기를 나누고 싶었다. 이제 막 입문하여 낯선 세계에 발을 들인 새내기 대표도, 그리고 혼자만 다른 세상에 있는 느낌을 받아왔던 기존의 여성 대표들도 이 책을 통해 소통하고 공감함으로써 작은 위로가 되었으면 한다.

나비앤코 **박현영**

　책 쓸 시간까지는 도저히 없을 것 같았지만 잠이라도 줄여서 '한 번 써보자'라며 또 새로운 도전을 하였는데, 어느새 원고가 완성되었다. 원고를 마감하며 쭉 읽어보니 느낌으로 창업해서 일 년 만에 실패한 후 배움으로 보완하며 성장하고 있는 이야기를 서술했다.

누구나 한 번쯤 창업을 생각한다. 막연하게나마 창업을 준비하는 분들, 또는 나와 비슷한 시기에 있는 초기 창업자들에게 간접 경험이 되고 작게나마 소통이 되는 글이 되길 바란다.

나 역시 다른 CEO와 소통하고자 오늘도 30초 책 읽기를 실천했다. 성공한 CEO의 이야기를 들으니 성공에 위대한 비밀의 규칙이 없더라. 그저 작은 약속을 실천하면서 오늘도 내가 할 일을 할 뿐이다.

마지막으로 이 책이 여러분이 하고자 하는 생각에 생명을 불어넣는 불씨가 되길 바라며, 모든 스타트업 CEO를 응원한다.

리드앤씽 **조을정**

처음 함께 '책을 쓰자'라는 제안 받았을 때 별 생각 없이 '네' 하고 대답했지만, 점점 두려워지기 시작했다. 누군가에게 나의 창업 이야기를 할 수 있을 만큼의 성공 스토리는 커녕, 열 평 사무실에서 매일을 실패 혹은 좌절과 싸우는 중이었기 때문이다.

성공이라는 결과보다 우리 기업의 제일 중요한 가치와 사업운영의 과정을 독자들과 나누고 지금 현재 나와 같이 '창업'이라는 전쟁터에서 엄마와 대표를 오가며 처절히 싸우는 누군가에게 공감과 위로를 줄 수 있다면 이 책에서의 제 역할은 다 한 것이라 생각했다.

좋은 엄마이자, 성공한 사업가가 되기 위해 노력하지만, 나는 무엇보다 세상에 필요한 사람이 되고 싶다.

지금도 나의 이름을 찾기 위해, 세상에 필요한 누군가가 되기 위해 첫 걸음을 떼고 있거나 거친 시련 속에서 좌절하는 누군가가 있다면 혼자가 아니니 힘내라고 전하고 싶다.
우리는 잘 크는 중입니다!

더하트컴퍼니 **김민하**

  글을 쓰는 사람이라고 말하는 나의 부캐를 좋아했다. 이번 글은 진도가 나가질 않아 자괴감에 빠지곤 했다. 왜 그럴까를 생각해 봤더니, 현재 모습 때문이었다. 나는 잘 나가는 스타트업 대표도 아니고, 여전히 배울 것이 더 많으며 서투른 것 투성인 삼년 차 여성창업가다. 비즈니스에 대해 자신 있게 말할 수 없는 것은 당연한 일이라 인정한다.

에필로그를 작성하던 날 금융테크 기업 '토스'에서 출간한 《유난한 도전》이라는 책을 읽었다. 유니콘 기업이 되기까지의 여정이 힘들고도 실패투성이였던 것을 '유난했다'고 표현하다니 왠지 부러운 마음이 들었다. 언젠가 나와 우리 회사에 대해 다시 표현할 수 있는 날이 온다면, 그때는 좀 더 당당한 글로 옮기고 싶다는 생각이 들었다. 더하트의 진심과 진정성이 사회에 작은 가치들로 실현되는 그날, 멈추지 않고 포기하지 않았던 오늘을 다시 떠올리기를 희망한다.

대한민국 여성스타트업 포럼이란?

　대한민국 여성스타트업 포럼은 여성 스타트업을 위한 더 나은 환경 조성과 사회적 지지 기반 마련을 위해 설립한 비영리 단체이다. 매월 여성 기업가의 도전 사례를 공유를 위한 '대한민국 여성스타트업 포럼'을 개최하였고, 여성 창업 활성화를 위한 정책 토론, 여성 기업가정신 연구, 여성 창업자를 위한 정보제공 플랫폼 구축 등 다양한 노력을 해왔다. 대한민국 여성스타트업 포럼의 의장이자 시드앤파트너스의 대표 이정의 의장을 통해 여성스타트업 포럼에 대해 알아보자.

Q. 대한민국 여성스타트업 포럼, 이름만 들어도 멋지고 독립적인 여성 창업가들의 모임처럼 느껴집니다. 여성스타트업 포럼의 주된 활동은 무엇인가요?

여성스타트업 포럼은 지금까지 선배 여성창업가의 비즈니스 스토리를 듣는 여담을 운영하였습니다. 올해부터는 조금 더 기업의 성장에 도움이 될 수 있는 산업 분야의 트랜드를 다루고 있으며 현재까지 두 번의 포럼을 진행하였습니다.
그 외에 여성 창업 생태계 활성화를 위한 정책 포럼을 연 2회 개최하고 있습니다. 정책 포럼에는 부처 관계자, 유관기관 임직원 등이 함께 참여하여 여성 창업 현황 및 해결 과제 등을 주제로 토론하고 있습니다.
또한 매년 여성스타트업 데모데이를 개최합니다. 여성 창업가들이 투자 유치를 위해 고군분투하는 과정에서 기회를 좀 더 만들기 위해서입니다. 이 기회를 통해 여성 스타트업 비즈니스의 우수함도 외부에 알릴 수 있습니다. 올해는 여학생 대상 경진대회를 추가로 개최해 보려고 합니다.

Q. 대한민국 여성스타트업 포럼 회원 창업가들이 얻어갈 수 있는 장점 몇 가지 알려주세요.

여성창업가들이 함께할 수 있는 자리가 많지 않습니다. 저희 포럼에서는 언제든 활동이 가능하고 함께 성장하는 여성 기업들이 시너지를 낼 수 있는 협업도 가능합니다. 이미 선배가 된 여성 창업가들의 솔직하고 실질적인 멘토링도 자유롭게 진행되고 있습니다.

Q. 대한민국 여성스타트업 포럼에 들어가기 위한 자격요건이 있을까요?

사업의 규모와 상관없이 모든 여성 창업가들에게 열려있습니다. 예비 창업가 회원도 있기 때문에 실질적으로 대한민국 여성스타트업 포럼에 들어오기 위한 자격요건은 없다고도 할 수 있습니다.

Q. 여성 창업가 멤버들은 어떤 활동을 하게 되나요?

포럼에 참여하거나 위원으로 활동하게 됩니다. 저희 포럼은 이사진 외에는 당연직이 없고 급여가 제공되지도 않습니다. 모든 활동은 회원님들의 자진하에서 이루어지고 있습니다. 운영위원은 포럼을 기획하고 직접 운영까지 지원합니다.

Q. 다른 창업과 모임과 차별화된 점이 있다면?

회원제이기는 하지만 회비가 없고, 남녀 누구나 가입이 가능합니다. 다만 여성 창업가들만 활동할 수 있는 단톡방이 있어 편하게 활동이 가능합니다. 서로를 돕는 역할도 자진하게 되는 모임이라고 생각합니다.

Q. 앞으로의 구체적인 계획이나 비전이 있다면 말씀해 주세요.

앞으로는 좀 더 여성기업의 성장에 도움이 되는 프로그램을 운영하려고 합니다. 현재도 교육과정을 진행하고 있고 데모데이도 운영하고 있지만 좀 더 고도화된 프로그램으로 여성 창업가에게 꼭 도움 되는 커뮤니티가 되고 싶습니다.

Q. 대한민국 여성스타트업 포럼의 자랑 한가지 알려주세요.

혼자 달리면 오래 못 달리지만, 함께 달리면 더 먼 거리를 달릴 수 있습니다. 창업가의 길은 지치기 쉬운 험한 길입니다. 힘든 일이 있을 때 서로 위로해 주고 공감해 주는 창업가 선후배가 있기에, 덜 외롭고 새 힘을 수혈받을 수 있습니다. 본 포럼에서는 함께 달릴 수 있는 여성 창업가들과 많은 네트워크를 구축할 수 있습니다. 이를 통해 포럼에서 활동하는 모든 여성창업가들이 함께하며 서로 이끌어 주고 있습니다.

유리천장은 없습니다

초판 1쇄 인쇄 2023.12.10
초판 1쇄 발행 2023.12.20

지은이 전혜진, 박현영, 조을정, 김민하
펴낸곳 시즌비
편집/디자인 홍예슬

주소 서울특별시 동작구 노량진로 10, 서울창업센터 동작 405호
전화 070-8015-6350
이메일 contact@theheartcompany.kr
인스타그램 @theheartcompany.official
출판등록 제 2022-000038호
ISBN 979-11-976037-3-0

※ 이 책은 저작권법에 따라 보호받는 저작물이므로 무단전재와 무단복제를 금지하며, 이 책 내용의 전부 또는 일부를 이용하려면 반드시 출판사 동의를 받아야 합니다.
※ 책값은 뒤표지에 있습니다.
※ 잘못된 책은 구입처에서 바꿔드립니다.